우리 인생에 바람을 초대하려면

LE SACRE DES PANTOUFLES

세계적 지성이 들려주는
모험과 발견의 철학

우리 인생에
바람을
초대하려면

파스칼 브뤼크네르 지음
이세진 옮김

INFLUENTIAL
인 플 루 엔 셜

에리크와 장난꾸러기 꼬맹이들에게

군홧발 소리보다 무서운 것이 실내화의 침묵이다.

—막스 프리슈

**가능성의 문을
되도록 많이 열어놓기를**

코로나19 바이러스는 아직 사라지지 않았지만 이제 병독성이 크게 낮아져 계절성 질환 중 하나가 되었습니다. 저는 최근에야 처음으로 확진이 되었지만요. 팬데믹이 우리에게 남긴 정신 상태는 웬만한 병증들보다 훨씬 오래갈 겁니다. 이 정신 상태는 두려움과 칩거의 묘한 조합으로, 요즘같이 바깥세상이 위험한 때에는 더욱 두드러지는 경향이기도 합니다. 유럽에서 발발한 전쟁, 아프리카에서 일어난 쿠데타, 이슬람 테러, 지구온난화를 생각해 보세요. 어떤 의미에서는 팬데믹이 강제한 봉쇄가 이 위험들에 대한 최선의 치유책처럼 보이기도 했습니다. 희한한 역전이 일어난 셈이죠. 인류는 늘 감금에 저항해왔건만, 이제 이 형벌을 내면의 공포를 달래는 수단으로 삼고 있습니다.

팬데믹이라는 전 지구적 사태 외에도, 기술이 불러온 또 다른 면을 주목해야 합니다. 이제 바깥세상은 피상적인 것이 되었습니다. 인터넷이 온 세상을 집 안으로 데려온 덕분에 우리는 바깥세상 없이도 살 수 있습니다. 좋은 소식이든 나쁜 소식이든, 동시대인들에게 실시간으로 영향을 미치는 모든 뉴스를 화면으로 접할 수 있지요. 이제 뭐든지 배달이 되는데 집이라는 안락한 둥지를 떠날 필요가 있을까요? 생필품, 음식, 가구 및 주거용품이 집 앞까지 와줍니다.

그럼에도 밖으로 나가야 하는 이유가 있을까요? 새날의 아름다움을 찬양하기 위해, 그리고 신체가 냄새, 소리, 빛을 받아들이게 하기 위해 우리는 밖으로 나가야 합니다. 화면은 화면일 뿐입니다. 빗장을 걸고 집에만 처박혀 산다면 안전을 위해 죽음과도 같은 권태를 대가로 치르는 셈이지요. 먼 곳을 내다볼 수 없는 초저공비행 같은 삶은 감옥 생활, 늘어진 속도의 삶입니다. 아침에 눈을 뜨기도 전에 벌써 피곤한 삶입니다. 물론, 협소한 삶도 열중의 대상일 수 있습니다. 그런 유의 정신적 댄디즘은 시간과 세월의 흐름 외에는 아무 일도 일어나지 않게끔 주도면밀하게 애를 씁니다. 그러한 삶은 때 이른 노년을 불러들여서 청년을 노인처럼 만듭니다.

명심하세요, 삶이 제공하는 최선을 온전히 누리고 싶어 하는 마음이 매일 아침 우리를 침대에서 일으킨다는 걸요. 땅굴과 소굴은 토끼나 두더지에게 양보하세요. 인간은 빛과 탐색의 존재입니다. 우리는 마땅한 도전과제를 마주하고 역경에 부딪혀야 합니다. 그때야 비로소 악몽은 스러지고 우리의 두려움이 실상은 망상에 불과한 것으로 드러납니다.

가능성의 문을 되도록 많이 열어놓으세요. 앞으로 당신의 선택과 결정에 따라 문을 하나씩 닫아갈 시간은 얼마든지 있습니다. 산다는 것, 수동적으로 숨만 붙어 있

＊

는 게 아니라 '진짜로 산다는 것'은 가능성의 장을 끝까지 달려보는 일입니다. 그러기 위해서는 기꺼이 밖으로 나가는 위험을 무릅써야 합니다.

2023년 10월
파스칼 브뤼크네르

차례

2부 당신의 세상은 문밖에 있습니다

그는 결코
앞으로 나아가지 못한다

이반 곤차로프$^{Ivan\ Goncharov}$의 소설《오블로모프^{Oblomov}》속 주인공 오블로모프는 19세기 중반 상트페테르부르크 인근에 땅을 소유한 지주다. 그는 정직하고 올곧은 사람이지만 타고난 무기력증 때문에 사는 게 힘들다. 집에서 가장 많은 시간을 보내는 곳은 긴 의자 겸 침상이고, 가장 자주 입는 옷은 잠옷, 거의 항상 신고 있는 신발은 "길고 흐늘흐늘한 실내화"다. 몸에는 근육이 하나도 없고, 손은 포동포동하며, 동작 하나하나에 우아한 게으름이 묻어 있다. 오블로모프는 대부분의 시간을 누운 채로 보낸다. 걷거나 서는 경우는 침대에서 소파로 건너가려 할 때뿐이다. "그는 집에 있을 때면─거의 항상 집에 있었지만—누워만 있었고, 우리가 언제나 그를 찾을 수 있는 방—그가 침실 겸 작업실 겸 응접실로 쓰는 방—에 있었다." 오블로모프는 해야 할 일을 생각하기만 해도 괴로워 견딜 수 없는 우유부단한 인물의 전형이다.

그는 아침에 침대에서 일어나자마자 긴 의자에 다시 누워 이마에 손을 짚고 생각하고 또 생각했다. 그러고는 그 생각에 지쳐 양심에 거리낌 없이 이렇게 중얼거리는 것이었다. "오늘도 공공의 선을 위해 애를 쓸 만큼 썼다." 편지한 통을 작성하는 데도 몇 주, 아니 몇 달이 걸리는 데다 복잡한 의식마저 필요했다. 뭐 하나 결정할 때마다 막대한 심리적 비용을 치러야 했다. 오블로모프의 하인 자하르는 고분고분한 척하지만 자기 일을 등한시하고 집이 난장판이 되거나 말거나 신경 쓰지 않았다. 때때로 오블로모프는 아침에 일어나는 것도 잊고 오후 4시에나 눈을 뜨곤 했다. 그러고는 누군가가 자기 대신 산더미 같은 일을 해치웠

겠거니 한다. 그는 그 생각만으로도 머리가 아파져서 다시 잠을 청했다. 어린 시절의 오블로모프는 천사처럼 귀여운 아이였고, 부모는 그를 온실 속의 화초처럼 애지중지 키웠다. 게다가 그의 생은 벌써 소멸하기 시작했다. '나는 자신을 처음으로 의식한 순간부터 내가 죽어감을 느꼈다.'

오블로모프는 친구 슈톨츠가 젊은 여성을 소개하자 질겁한다. 아내와 인생을 꾸리고, 세상으로 나아가고, 신문을 읽고, 사교 생활을 한다는 생각만 해도 머리가 아프다. 그는 매력적인 올가를 좋아하지만 그녀가 그를 긴 산책에 억지로 끌고 나가고, 낮잠도 마음대로 자지 못하게 하기 때문에 그 관계를 계속 유지할 생각이 없다. 올가는 그를 성가시게 하고, 고질적인 낮잠 습관을 깨뜨리려 하며, 그가 좀 더 과감하게 살아야 하는데 둔해 빠졌다고 비난한다. 그녀는 그를 겁쟁이 취급하고, 결국에 가서는 이 "나이 많고 물러터진 구닥다리"에게 질려버린다. 오블로모프는 압박에 시달리고, 늘 마무리할 시간이 없는 자질구레한 일들에 치인 나머지 올가와 헤어지게 된다. 그는 서른 살에도 여전히 "드디어 살아보기 시작할" 준비를 한다. 그의 병은 과식, 잠, 미루는 버릇이다.

"왜 사는지를 모르면 그날그날 아무렇게나 살게 된다. 밤이 오면 마음이 가벼워지고 자신이 살아야 하는 이유에 대한 의문을 열두 시간, 혹은 스물네 시간 동안 잠 속에 묻어버릴 수 있다." 사랑도, 여행도, 새로운 시도도 하지 못하는 그는 완전히 두문불출하고 베개에 파묻혀 지내게 된다. 오블로모프의 소작인이나 지인 들은 그의 땅에서 거둬들이는 변변찮은 수확을 뻔뻔하게 훔치거나 빼돌린다. 오블로모프는 결국 하숙집으로 거처를 옮기고 하얀 팔의 하숙집 여주인과 내연관계가 되지만 그 여자의 오빠에게도 사기를 당한다.

《오블로모프》는 해학적 희극처럼 보이지만 실은 삶의 불가능성에 대한 통렬한 기술이다. 주인공은 잠을 자면 잘수록 휴식을 더 필요로 한다. 그는 평생 크나큰 기쁨을 맛보지 못했지만, 그 대신 심각한 충돌이나 마찰을 피

＊

할 수 있었다. 원래 그는 자기 안에 빛을 품고 있었다. 그 빛은—"그의 감옥의 벽을 불사르는" 빛은—출구를 찾다가 꺼져버렸다. 마음으로는 원하지만 해낼 수가 없으니 그는 결코 앞으로 나아가지 못한다. 앞으로 나아간다는 것은 "그의 어깨뿐만 아니라 그의 영혼, 그의 정신까지 보호하는 잠옷을 벗어던진다는 의미였기 때문이다." 그는 "남은 생이라는 널찍한 관을 자기 손으로 만들고는 그 속에 편안하게 누워서 끝을 향해 간다."

1부
여전히 삶은 경이로운가

빗장

간수는
우리 머릿속에 있다

*

정신과 공간에 빗장이 채워지기 시작했다.
억만장자들을 위한 우주여행이 이제 가능하다지만
평범한 사람이 국경을 넘거나 자기 집에서 나가는 것은
더 어려워질지 모른다.

금지는 그들을 속박했지만 금지의 종식은 난처하게 했다

21세기의 한복판에서 왜 19세기의 오블로모프 타령인가? 그 이유는 오블로모프가 넷플릭스와 인터넷 없는 봉쇄 상황(여기서 말하는 봉쇄는 코로나19로 인한 자가 격리 및 이동 제한을 뜻한다—옮긴이), 그리고 앞으로의 세상에서 주인공 자리를 차지할 것이기 때문이다. 온종일 누워 지내는 인간, 우리의 모습이 바로 그랬다. 멀리 내다본다는 것이 불가능한 초저공비행 같은 삶을 살아야 했던 모습 말이다. 팬데믹은 그러한 삶의 방식을 결정적으로 굳히며 박차를 가한 시간이었다.

역사적으로 이전부터 있었던 경향이 팬데믹을 계기

로 확고해졌고, 속박받는 삶의 공포와 희열이라는 역설의 승리가 앞당겨졌다. 팬데믹과 더불어 자발적으로든 강제적으로든 칩거는 사람들의 선택지, 연약한 영혼들의 도피처가 되었다. 곤차로프의 소설은—블라디미르 레닌 Vladimir Lenin이 유감스러워했던 대로—러시아적 영혼의 초상이라기보다는 인류 전체에게 제시하는 일종의 예언이요, 오락의 문학이 아니라 경고의 문학이다. 위대한 책이 읽히고 또 읽히는 이유는 출간 시점보다 한참 뒤의 사건들마저 예고하는 듯하기 때문이다.

러시아 문학은 적어도 두 종류가 있다. 하나는 압제에 대한 저항의 문학이다. 보리스 파스테르나크 Boris Pasternak, 바실리 그로스만 Vasilii Grossman, 바를람 샬라모프 Varlam Shalamov, 알렉산드르 솔제니친 Alexandre Soljenitsyne, 스베틀라나 알렉시예비치 Svetlana Alexievich가 여기에 속하는 작가들이다. 다른 하나는 절망과 숙명론의 문학이다. 그 둘은 거울처럼 서로를 비춘다. 두 종류의 문학은 운명에 대한 체념과 혐오, 그리고 예속에 대한 사랑을 가차 없이 용감하

∗

게 다룬 사례들로 넘쳐난다(표도르 도스토옙스키의 천재성은 그 둘을 공평하게 조화시킨 데 있었다). 이 경우들에 한해서만큼은 러시아 문학의 해설 능력이 여전히 비견할 데가 없다.

팬데믹 사태는 수십억 인구에게 진절머리 나는 비극이었지만 신중함과 대담함, 유목민과 정주민, 바깥세상의 개척자와 밀실의 탐구자를 둘러싼 논쟁에 다시금 불을 지폈다. 2001년 9·11 테러와 함께 시작된 21세기는 기후위기, 코로나19 사태, 그리고 우크라이나-러시아 전쟁으로 위협을 더해가고 있다. 그러한 재앙들이 "대철수^{Grande} $_{Rétractation}$"라고 부를 만한 상황을 부채질했다. 축적된 불운들은 시련을 맞이할 준비 없이 안온한 평화와 행복에 대한 약속 안에서 성장한 젊은 세대에게 지속적인 트라우마를 남겼다.

문화 면에서나 여행 면에서나 20세기는 개방의 시대였다. 이제 그 시대는 끝났다. 정신과 공간에 빗장이 채워지기 시작했다. 억만장자들을 위한 우주여행이 가능해졌다지만 평범한 사람이 국경을 넘거나 집 밖으로 나서는 것은 더 어려워질지 모른다. 코로나19 바이러스는 수십 년 후 세상이 붕괴하리라 확신하는, 더는 미래를 믿지 않는 서구 사회에 때마침 추락한 운석과도 같았다. 코로나19 바이러스는 이 모든 불안을 죽음의 가능성으로 봉인했다. 팬데믹 사태는 우리의 의식 구조를 드러냈을 뿐이다.

현재 서구 사회에 팽배한 두 이데올로기, 즉 패배주의와 극단적 비관론에는 적어도 "일단 살아남고 보자"는 한 가지 공통점이 있다. 우리는 극심한 경쟁 속에서 살아간다. 경쟁에서 이기는 것이 절대적 가치로 제시되기도 하지만, 우리의 최후에 대한 가설들도 경쟁적으로 늘어나기만 하고 좀체 폐기되지 않는다. 병에 걸려 죽을 것인가, 이상 고온으로 죽을 것인가, 테러에 희생될 것인가, 핵전쟁 때문에 죽을 것인가. 윈스턴 처칠Winston Churchill은 발칸반도에 대해 그 지역이 "감당할 수 있는 것 이상의 역사를 만들어내고 있다"고 했다. 이 말을 패러디해 보자

*

면 우리는 20년 전부터 감당할 수 있는 것 이상의 역사를 겪어왔다. 흥미롭긴 했지만 점입가경의 고통스러운 시간이었다.

얼마나 많은 이가 정상으로의 회귀에 충격을 받았던가? 금지는 그들을 속박했지만 금지의 종식은 그들을 난처하게 했다. 봉쇄령이 떨어졌을 때는 진심으로 저주했던 그 악몽 같은 감금 생활을 이제 그들은 아쉬워하지 않을까? 자기 방의 창살에서 해방되어 한숨짓는 죄수들도 마찬가지다. 그들에게 자유는 불안의 씁쓸한 맛으로 다가온다. 그들은 다시 방에 틀어박힐 수만 있다면 무슨 구실이든 댈 준비가 되어 있다. 기술적 장비만 갖춰져 있다면 각자의 집이나 방도 그 자체로 충분한 소우주가 될수 있기 때문이다. 강제 봉쇄보다 더욱 우려해야 하는 건위험한 세상에 맞선 자발적 자기 봉쇄이다. 스스로 선택한 독방에는 벽도, 족쇄도, 경비원도 없다. 간수는 우리머릿속에 있다.

이 느슨한 삶의 시기는 사회적 제약을 상당 부분 풀어

주었다. 대면 접촉이 줄고 외출도 드문드문 하며 모임도 거의 없어졌다. 재택근무를 하니 직장 상사를 만날 일도 없고 잠옷이나 가운을 일상복처럼 입고 후줄근해도 괜찮은 생활을 하게 되었다. 경이로운 후퇴다. 훼방꾼이자 유혹자였던 타자他者가 사라졌다. 그래서 일부 사람들에게는 "집콕"의 기쁨이 있었다. 야간 통행금지, 입을 가리는 마스크, 제한된 행동들, 거리 두기는 우리를 구속했지만 떠받쳐주기도 했을 것이다. 폐소공포증은 광장공포증으로 대체되었다. 팬데믹은 근심을 낳았지만 한층 더 큰 근심, 즉 자유에 대한 근심에서는 해방시켜주었다. 이제 가까운 미래에 자유는 씁쓸하게도 추억 혹은 몽상에 지나지 않는 것이 될지도 모른다.

자신을 '빼기'로 규정하는 사람들

자가 격리 경험이 결과적으로 수많은 사람에게 이토록 너그러운 시선으로, 일종의 장기 휴가처럼 받아들여지리라고 누가 예상이나 했던가?[1] 직장으로 돌아가고 싶지 않다는 사람이 너무도 많다. 그들은 도시의 소음과 역사의 골칫거리에서 멀리 떨어져 자연 속에서 소박하게 살아가기를 원한다. 잠시 유유자적하며 살아봤는데 이제 예전으로 돌아가라고 하니 부정적^{négatif} 감정들이 일어난다. 우리는 이제 자신을 "빼기"로 규정한다. 덜 소비하기, 덜 지출하기, 덜 여행하기. 그게 아니면 "반대"로 규정한다. 백신 접종 반대, 육식 반대, 투표 반대, 마스크 반대, 핵 반대, 백신패스 반대, 자동차 반대 등등. 의료계에서 "음성^{négatif}"이라는 용어는 에이즈나 코로나19 같은 바이러스에 감염되지 않았다는 뜻이기 때문에 건강하고 이로운 뉘앙스를 띠게 된 반면, "양성^{positif}"은 잠재적 고통을 암시하게 되었다.

팬데믹이 시작될 때 이미 세계는 시름시름 죽어가고 있었지만 우리는 몰랐다. 물론 식당과 술집에는 손님이 바글바글하고, 군중은 예전처럼 살고 싶은 조바심에 발을 동동 구르며, 어딘가로 떠나고 싶어 미칠 것 같은 관광객들로 공항과 역은 미어터지고, 전쟁 피해자들에 대한 연대를 부르짖는 대규모 집회가 열린다. 이것은 복된 신호다. 삶은 과잉이고 확장이다. 그렇지 않다면 삶이 아니다. 그러나 삶이 시들어가는 경향이 팬데믹 덕분에 전략적 우위를 점했다. 삶의 확장과 축소, 이 두 경향의 팽팽한 관계에 우리의 미래가 달렸다.

범슬라브주의자, 이슬람 근본주의자는 서구 사회를 소수가 권력을 장악한 물질만능주의 사회이자 신앙이 바로 서기 힘든 타락한 사회라고 비판한다. 서구 사회 내에서도 이미 오래전부터 스스로 그런 진단을 내렸지만 다양한 사정을 고려하긴 했다. 여성과 동성애자의 권리를 인정한 것도, 맹목적 신앙을 고발한 것도, 일정 수준의 안락을 보장하는 것도 그 자체로 쇠퇴의 원인이 되지는 않는다. 이것들은 되레 문명의 표식일 것이다. 워키즘 wokisme(깨어 있는 시민 운동)처럼 과격한 해방 운동을 비판하면서도 해방 운동을 포기하지 않을 수 있다. 그렇지만 유럽, 특히 프랑스에서 우리가 누리는 법적 보호는 고질적 불만을 낳고 언제나 실망에 부딪힌다. 국가가 무슨 일

*

을 하든 그것으로는 충분치 않다. 한편으로는 국가의 원조에 기대어 자꾸만 허약해지고 불만과 진짜 비극을 혼동하는 이들도 있다.

권리가 늘어남에 따라 의무는 줄어들고 사회적 요구는 끝도 없이 늘어난다. 나는 받을 것만 많고 아무것도 내놓을 필요가 없는 사람이다. 팬데믹 기간에 일어났던 시위들, 정부 시책에 협력하기를 거부했던 자들의 봉기를 생각해 보라. 우리는 공권력이 국민을 위기 상황에서 보호해 주길 원했지만 그 상황에서도 자유를 앞세워 우리가 하고 싶은 대로 할 권리를 요구했다. 잘 풀릴 때는 날 내버려 둬. 하지만 내가 아플 때는 날 돌봐줘. 현대의 병자는 의학의 한계에 짜증 내는 "참을성 없는 환자"다. 우리의 사전에 "불치"만큼 기분 나쁜 말은 없다.

과학이 발전할수록 사람들은 과학의 결함이나 지연을 참지 못한다. 아니, 그렇게나 많은 질병을 정복했는데 왜 아직도 못 고치는 병이 있담? 그냥 조금만 이성적으로 생각해 봐도 그토록 많은 사람이 자신을 구하거나 보호할 수 있는 백신 접종을 강경하게 반대했다는 사실은 어이없지 않은가? 심지어 백신 접종 업무를 담당하는 의사와 간호사를 폭행하거나 죽이겠다고 협박한 사람도 있었다. 백신을 맞지 않고 중증이 되어 병상에서 죽어가면서도 여전히 악착같이 백신을 저주한 사람도 있었다. 백신을 맞느니 차라리 죽음을 달라!

"이전의 세계"는 타락의 시대였을까? 만약 그렇게 보인다면 이는 많은 사람이 팬데믹을 정신적 정화의 시험으로 여겼기 때문일 것이다. 일부 진영의 금욕주의, 나아가 청교도주의는 이 시험에서 자기네 편견의 근거를 발견했다. 거리에는 늘 사람이 있을 것이요, 새로운 지평을 갈구하고 발견의 본능대로 움직이는 사람들은 열차에 몸을 실을 것이다. 그러나 공포의 히드라가 판을 치면 전혀 다른 경향이 득세한다. 문을 걸어 잠그고 안으로만 움츠러드는 경향 말이다. 전진하는 세상 앞에서 박탈감이 커지면 그냥 집으로 기어 들어가고 싶은 유혹이 자라난다.

"아무리 작더라도 나는 내 잔으로 마신다." 이 말은 20

세기 소시민들의 격언으로 통했다. 팬데믹은 사라지지 않을 것이다. 팬데믹은 일상화되고 우리의 평범한 골칫거리 중 하나로 흡수될 것이다. 코로나19는 걱정 많은 사람을 괴롭히기에는 충분히 위험한 바이러스성 질환이지만 걱정 없는 사람을 자극하기에는 치명률이 너무 낮은 질병으로 남게 될 것이다. 그러나 우리를 짓누르는 불운들의 목록은 아직 끝나지 않았다. 팬데믹은 홀로 오지 않고 온갖 잡스러운 것들을 지저분하게도 줄줄이 끌고 왔다.

말세를 사는 기분이란

우리 시대의 기분이란 "말세를 사는 기분"과도 같다. 군사 갈등에서부터 자연재해까지, 모든 상황이 해결될 때까지는 여행을 미루고 자기 동네를 떠나지 말라고 한다. 도저히 부정할 수 없는 현실적 문제 앞에서 우리가 내놓을 수 있는 대답은 공포와 칩거뿐이다. 그런 면에서 집단 공포를 불러일으키고 싶다는 그레타 툰베리[Greta]

Thunberg의 말은 의미심장하다. "나는 희망이나 낙관론을 원치 않습니다. 오히려 여러분이 질겁하기를 바랍니다. 내게서 한시도 떠나지 않는 이 공포를 여러분도 느껴봤으면 좋겠습니다."(다보스 포럼 연설, 2019)

종말론과 묵시록의 신봉자들은 사람들이 공포에 사로잡혀 집에서 꼼짝하지 않길 바라고 젊은 세대나 비난하려 한다. 팬데믹이 일어나기 전부터 그러한 정서가 있었고, 징후는 그 상태를 확인해 줄 뿐인데 진단이 정확하고 말고가 무에 그리 중요한가? 이후의 세상은 실내의 시대가 될 것이다. 바이러스는 잠깐 사라졌다가도 끊임없이 되돌아올 테니 말이다.

실내 시대의 역설적 낭만은 한층 짙어졌고, 모태 같고 요람 같은 집의 위엄은 더욱 높아졌다. 바이러스는 그저 코로나19 바이러스만을 뜻하는 것이 아니라 그전부터 존재했던 "바깥세상 알레르기"를 포함한다. 우리는 한동안 쳇바퀴 돌 듯 반복되는 공포를 겪었다. 무섭기도 했고 무기력하기도 했다. 그래서 우리는 무엇을 배웠는가? 손을 잘 씻어야 한다는 것을 배웠다. 그것도 틀림없이 엄청난 발전이지만 손 씻기가 가슴 뛰는 운명을 만들어주지는 않는다.

여행

자기 방을
떠나지 않으려는
사람들

*

인간의 모든 불행은 자기 방에 가만히 있을 수 없음에서 비롯된다.
그렇기 때문에 고독의 기쁨이란 참으로 이해하기 어려운 것이다.

— 블레즈 파스칼

일상의 흐름 속에 막간이 없으면

"인간의 모든 불행은 자기 방에 가만히 있을 수 없음에서 비롯된다"고 블레즈 파스칼Blaise Pascal은 말했다. 그는 이어서 이렇게 말했다. "그렇기 때문에 사람들은 소음과 소란을 그렇게나 좋아하고, 그렇기 때문에 감옥행은 그렇게나 무시무시한 형벌이 된다. 그렇기 때문에 고독의 기쁨이란 참으로 이해하기 어려운 것이다." 우리는 파스칼에게 이렇게 반박할 수 있다. 앞으로는 인간의 모든 불행이 자기 방을 떠나려 하지 않는 데서 비롯될 것이다. 이제 우리를 위협하는 것은 바이러스보다는 무기력이요, 질병의 위험보다는 죽음과도 같은 권태다. 파스칼에게는 미안하지만 기분 전환을 생략할 수는 없다. 쓸데없는 것이 중요하고, 여행은 필수다. 일상의 흐름 속에 이러한 막간이 없으면 삶은 금세 고행과 비슷해진다. 신 없는 인간의 비참함에 대한 명상과 심심풀이 사이에, 앙시앵레짐 ancien régime의 인간 파스칼로서는 상상할 수 없던 제3의 항이 있다. 바로 행동과 노동이다.

두 단어로 우리의 현 상황을 요약할 수 있을 것 같다. 지장empêchement과 복잡complication이다. 과거에 쉬웠던 일은 까다로워졌고, 과거에도 어려웠던 일은 거의 불가능해졌다. 한때 아담한 바나 카페에서 커피 한 잔을 마시려 해도 백신 접종 패스가 필요했다. 바게트 하나를 사러 갈 때도 마스크는 필수였고 말이다. 마트에서 장을 보려면 냉전 시대 소련에서처럼 줄을 길게 서서 기다려야 했다. 여권을 신청해도 나오지 않고, 특수한 경우가 아닌 이상 외국에 나가려면 넘어야 할 장애물이 한둘이 아니었다. 여행자들이 따라야 할 조건들은 점점 더 엄격해졌다. 온라인 서식, 증명서, 의무적으로 해야 하는 검사, 일일이

*

셀 수 없이 많은 큐알코드는 또 어떠했던가. 팬데믹은 점점 더 늘어나는 이동 제한과 일상 통제의 한 단계에 지나지 않았다.

팬데믹 기간 동안 세계는 온갖 금지, 제한, 조건부 허용, 임의적 제약 등으로 관료주의적 미로를 건설하는 데 천재적인 재능을 발휘했다. 어쩌면 그렇게 새로운 용어도 잘 만들어내는지, 그 화려한 어휘력은 능히 언어학자들도 기쁘게 했으리라. 그러한 광기에 사로잡힌 국가가 프랑스만은 아니었으니, 행정적 악몽을 피할 수 있는 나라는 거의 없었다. 민주주의 사회들은 전제주의 체제보다 유연하고 우수한 편이었지만 국민의 안전을 위해 모종의 자유를 희생하기는 매한가지였다. 이 상황에서 이성적인 해결책은 단 하나, 각자 집에 머무는 것이었다. 국가가 호의적으로 봐주기만 한다면 사람들이 자기 소굴에 처박힐 이유는 언제나 넘쳐날 것이다.

세계적 재앙이 북반구의 겁쟁이들과 남반구의 빈민들을 강타했다. 이제 문을 연다는 것은 위험천만한 행위가 될 것이다. 잠금장치는 하루 일과를 마치고 집에 들어가기 위해 푸는 것인 동시에 외부 침입을 막기 위해 거는 것이라는 이중의 역할을 한다. 집이라는 공간이 한없이 확장된 만큼 공적 장소는 위축된다. 그러므로 우리의 소유, 야망, 이동을 제한해야만 하리라. 미래의 인간은 증강된 현실에 보조를 맞추어 쪼그라든 인간일지 모른다. 존재한다는 것은 자기를 줄이는 일이 된다.

비행기도 타지 말라니

우리는 최근 몇 년간 백신의 효과, 거대 제약 회사들의 "음모", 위정자들의 거짓말, 집단생활의 위험을 시시콜콜 따지는 "잠옷 차림의 플라톤"(에마뉘엘 레비나스가 오블로모프를 두고 한 표현)으로 살아왔다. 자가 격리에는 뭔가 편안함이, 심지어 제한된 삶의 기쁨마저 존재했다. 그러한 정서는 수도원의 낡은 전통을 떠올리게 했다. 수도사의 독방에 소셜네트워크까지 추가됐다. 이 칩거의 열락이 기후변화, 불안정, 세상의 위험들에 맞선다는 온갖 미

✳

덕으로 무장한 채 우리에게 돌아왔다. 실내의 삶이 내면의 삶을 대체한 셈이다.

이제는 이산화탄소를 배출하거나 대기 오염에 노출되지 않기 위해 식물의 부동성을 견지해야만 한다. 세계는 닫혀버렸고, 히치하이크 배낭여행은 이제 유토피아에서나 가능해졌다. 봉쇄는 공간의 축소와 시간의 팽창이라는 두 축으로 구성되었다. 봉쇄 이후에는 정반대의 상황이 펼쳐졌다. 국경을 넘는 일은 엄청난 핸디캡을 안고 뛰어야 하는 피곤한 경주가 되었다. 가까웠던 것들이 다다를 수 없을 만큼 멀어졌다.

환경운동가들이 외치는 "플뤼그스캄^{flygskam}"을 예로 들어보자. 이 스웨덴어는 "비행기 여행의 부끄러움"을 뜻한다. 온실가스 배출에 일조하지 않기 위해서 비행기도 타지 말라는 것이다. 그런데 세계민간항공협회의 발표에 따르면 항공기 운항으로 배출되는 온실가스는 전체 온실가스의 3퍼센트에 불과하다고 한다. 하긴, 그게 무에 중요하랴. 어떤 사람들에게는 지구온난화와 싸우는 것보다 인류라는 족속을 벌주는 것이 급선무다. 인류에게 본때를 보여주기 위해 땅에 붙잡아두려 한다. 시민들에게 구체적인 목표—수백만 그루의 나무 심기, 황폐화된 토양 살리기, 주택 단열 정비, (러시아, 카타르, 사우디아라비아, 알제리 같은) 독재 국가들을 배불리는 화석에너지 소비를 점진적으로 줄이기—를 제시하는 게 아니라 자기 뜻에 따르지 않는 자들을 파문하고 단죄하기 바쁘다.

삶을 변화시킨다는 것이 이제는 가능한 한 삶을 축소한다는 뜻이 되었다. 아무리 지금 시대가 서로 대립하는 경향들의 전쟁터라지만 지평을 아예 차단하고 동굴에 틀어박혀 사는 혈거인의 정신을 가진 사람이 적지 않아졌다. 소박함을 숭상하는 것과 이동의 의욕을 꺾고 자동차를 죄악시하는 것은 별개다. 수많은 환경운동가가 땅에 바짝 붙어 있으라고 기도하면서 자동차, 비행기, 트럭, 여객선, 유조선을 문제 삼는다. 고전적 여행으로의 회귀는 미친 짓이라는 식으로 말하는 사람들도 있다. 심지어 파리에서는 스쿠터와 오토바이까지 문제라고 한다. 새로운 국가주의자 혹은 환경주의자의 이야기는 늘 내면의 권고 형태가 되고 만다. 우리에겐 지구, 보건, 국경의 삼엄한 경계를 이유로 금지된 것을 우울하게 하나하나 살펴보는 일만 남았다.

잠든 국민들은 그대로 누워 있으라 한다. 다시 말해, 가만히 시키는 대로나 하라는 뜻이다. 조금만 선을 넘어도 탄소 배출량은 늘어나고, 지구는 우리의 잘못으로 아파하며 회복이 늦어질 것이라고 한다. 그래서 공해를 줄이기 위해 1인당 탄소 배출 할당량을 정하자는 생각이 나왔다. 새로운 귀족정에서 탄소 배출을 통제하는 소수는 다수가 본받아야 하는 엘리트가 될 것이다. 어떤 칼럼니스트는 이제 남녀가 서로에게 매력적으로 보이기 위해 비싼 차를 몰거나 명품으로 치장하는 대신 낮은 탄소 배출량을 과시해야 한다고 했다. 기후 패스 같은 것이 상대의 호감을 사는 요소가 될지도 모른다. 환경에 미치는 부담을 양적으로 나타내는 개인별 "에코미터"가 도입될 수도 있다.

아이들에게 지구를 아끼고 존중하는 감수성을 길러주는 새로운 놀이들은 이미 선을 보였다. 1년 동안 쓰레기를 만들지 않겠다는 도전에 나선 한 가정의 이야기를 담아 《쓰레기 제로 가족의 일기》라는 책도 나왔다. 의도가 훌륭하다는 것은 의심의 여지가 없다. 그러나 과일 껍질 처리나 쓰레기 분리수거라는 모험이 보드게임이나 비디오게임을 대체할 수 있는가?

테네시 윌리엄스Tennessee Williams는 욕망이 "자기 공간보다 더 큰 공간을 차지하고 싶어 하는 것"이라고 한다. 욕망을 다이어트하고 난 자리에는 무엇이 남을까? 축제 때 쏘아 날리는 색종이 조각들을 보면서도 국민, 개인, 가정은 걱정이 앞선다. 저마다 자기가 차지하는 공간을 극단적으로 줄이려니 자기 소굴에 틀어박히는 수밖에 없다. 공포에 사로잡혀 기후 변화를 막겠다며 거리를 행진하는 이들은 정치 시위를 하는 것 같지 않고 마치 중세의 채찍 고행자들처럼 자기 죄를 벌하는 행렬에 나선 것 같다. 그들은 신음하고, 부르짖고, 눈물을 흘리고, 저항을 통해 마음을 풀어놓는다. 허구한 날 미래에 대한 암담한 전망을 접하고 공포의 젖을 먹고 자란 세대, 하필이면 왜 이런 시대에 태어났을까 원망하는 세대에게 안락한 집에서 벗어나 밖으로 나가는 일이 얼마나 어마어마한 에너지를 요하는지는 어렵잖게 짐작할 수 있다.

19세기 말에 카를 마르크스$^{Karl\ Marx}$의 사위 폴 라파르그$^{Paul\ Lafargue}$는 의무적 여흥과 소비 사회를 예견한《게으를 권리》를 썼다. 이제 게으를 권리가 대중에게 주어질 것이다. 그리고 그 결과는 두 가지로 나타나리라. 할 일도 없고 금전적 여력도 없는 인구의 대다수는 밤낮으로 텔레비전이나 동영상만 들여다보면서 기분전환을 꾀할 것이다. 자유로운 시간이라는 피할 수 없는 악몽이 그들을 덮칠 것이다. 진짜 활동다운 활동은 특권층의 호사가 되고, 무위도식은 가장 가난한 자들의 짐이 될 것이다.

노동에 들러붙은 오래된 저주는 역전된다. 부자들은 터무니없이 빡빡한 일과표를 따라 과로해야 하지만, 가난한 사람들은 실업자가 되어 정부지원금이나 최저임금으로 연명하게 될 것이다. 머지않아 노동이 가장 부유한 사람들의 몫이 되고, 서민들은 여가를 즐기면 즐길수록 기분전환에 목말라하게 될 가능성이 농후하다. 의류 산업만 보더라도 홈웨어가 계속해서 약진하고 있지 않은가. 팬데믹은 이러한 경향에 박차를 가했을 뿐이다.

핵심은 '거의'에 있다

이제는 변화가 아니라 구원을 말한다는 것이 우리 시대의 징후다. 지구를, 대륙을, 국가를, 북극곰을, 좌파 혹은 우파를 구원해야 한다. 절대적 양자택일은 그 중간의 절충적인 해결책들을 모두 의미 없게 만든다. 죽음 아니면 회복이 있을 뿐이다. 그런데 풍경이든, 관광지든, 언어든, 국가든 무언가를 보존하기 위해서 때로는 혁신하고 완전히 뒤엎어야 한다. 예전에는 인생이 탄생에서 죽음으로 향하는 단순한 순례와 같았다. 그러나 이제는 인류 모두 유년에서 성숙으로, 화석에너지에서 재생에너지로,

생물학적 성에서 선택한 젠더로 가는 과도기에 있다. 마치 이가 나기 시작하는 아이들 같다.

자유는 배워야 하는 특성이다. 자유는 이 땅에서 새로운 것을 만들 수 있는 가능성이요, 각자가 자신을 유일무이한 존재로 느끼면서 삶을 자기가 원하는 대로 영위하는 능력이다. 하지만 자유에 대한 감각을 잃어버리기에는 한 세대면 충분하다. 코로나19 바이러스는 수백만 명을 죽였고, 지구를 뒤흔들어놓았으며, 중산층을 몰락시키고, 친구와 연인을 갈라놓고, 가정폭력과 비만 환자를 급증시키고, 반려동물, 특히 개를 늘어나게 했지만, 그게 다가 아니다. 코로나19 바이러스는 자유라는 이상에서 우리를 해방시켰다. 자유에 대한 감각을 잃어버린 미래는 바람직하지 않다. 그러니 오늘을 늦추고, 질주를 다스리고, 디오니소스적인 욕망의 무리를 사슬로 옭아매자. 그 무엇으로도 파괴할 수 없는 진짜 자유를 되찾자.

소파나 안락의자에 앉아서 화면을 들여다보는 인간은 현대인의 보편적 모습이다. 화면은 세상의 공포를 이미지

필터로 걸러주고 집에 머물고 싶은 우리의 욕구를 강화한다. 로스앤젤레스와 베이징을 막론하고 누구나 이러한 모습으로 시간을 보낸다. 저마다 자기 집, 별장, 정원, 천막, 지하 감방에 틀어박혀 있다. 거실에서 시선과 와이파이로만 이동할 뿐이다. 잠옷은 폭도의 손에 들린 보도블록이나 시민의 손에 들린 투표용지와 마찬가지로 "정치적 사물"(장클로드 카우프만)²⁾이 되었다. 우리는 잠옷과 슬리퍼 차림으로 가혹한 세상에 저항한다. 하지만 그 슬리퍼는 컴퓨터, 아이패드, 스마트폰, 월드와이드웹과 연결되어 있기에 세계적이고 우주적이다. 그럼 이대로도 충분하지 않을까? 이따금 "욕조 속의 황새치"(알랭 수숑)가 된 기분이 들긴 하지만 우리가 할 수 있는 일이라곤 목욕물을 바꾸는 것뿐이다. 이걸로 만족해야 할까?

이제 우리는 마스크를 벗었다. 어떤 이들이 보건의 폭정이라고 불렀던 것은 정주定住의 폭정으로 대체되었다. 꼼짝하지 마, 말뚝처럼 그 자리에 가만히 있어. 유럽과 미국에서 보건 정책에 대한 저항이 주로 이동이 많은 직종, 운수업자들에게서 나왔다는 점은 전혀 놀랍지 않다. 2018년 프랑스에서 일어났던 노란 조끼 시위(정부의 유류세 인상에 반대하는 시위였다가 점차 반정부 시위로 확산되었다. 집회 참가자들이 운전자가 사고를 대비해 차에 의무적으로 비치하는 노란 조끼를 입고 나왔기 때문에 이러한 명칭이 붙었다―옮긴이)도 같은 선상에서 볼 수 있다.

인류학적으로 새로운 인간상이 나타났다. 웅크리고 있지만 고도로 연결되어 있기 때문에 외부 세계도 타인들도 필요로 하지 않는 인간상이다. 현대 기술은 개방을 표방하면서도 실상은 감금 상태를 장려한다. 이제는 아르튀르 랭보^{Arthur Rimbaud}의 유명한 시구 "진정한 삶은 부재한다"를 "진정한 삶은 삶의 부재다"라고 해석해야 할지도 모른다. 탐험 정신, 타인들에 대한 감각을 중시하던 이들에게는 엎친 데 덮친 격이다.

과거에는 이성에 대한 믿음으로 지구와 자연을 정복하면 되었다. 알렉상드르 쿠아레^{Alexandre Koyré}가 1960년대에 쓴 《닫힌 세계에서 열린 우주로 Du monde clos à l'Univers infini》는 중세의 폐쇄적 세계가 르네상스를 계기로 팽창했다고 말한다. 그러나 현재 우리는 정반대의 상황을 겪고 있다. 지식과 기술은 아무 제한이 없는 것 같은데 당장 문턱 밖이 우리의 한계다. 혼자 사는 사람이든 가족과 함께 사는 사람이든, 자기 방 혹은 거실에만 있는데 정보의 알람은 온종일 울려대고, 바깥세상은 오만 가지 위험 천지처럼 보인다. 그러나 안의 세상이라고 해서 어찌 위험이 없을까. 이 세상은 우리를 고독, 진부함, 가차 없는 권태, 존재의 피로, 영혼의 부유 상태로 이끈다.

이제 집에서 거의 모든 것을 할 수 있다. 음식은 배달시키면 되고 인터넷 플랫폼과 구독 서비스를 통해 영화, 콘서트, 연극을 즐길 수도 있다. 디지털 코치에게 원격 개인교습을 받고, 화상회의와 재택근무로 일을 하고, 비디오게임도 하고, 어쩌다 파트너가 필요하면 데이트 앱을 이용하면 된다. 파트너가 멀리 있다면 섹스 토이를 이용한 "안전한 섹스"도 고려해 볼 만하다. 핵심은 "거의"에

있다. 거의 아무것도 없다는 건가, 중요한 건 다 있다는

건가?

스마트폰

내게 멋진 일이
생기리라 말해다오

*

스마트폰은 집으로 세상을 가져다준다.
세상이 내게 오기 때문에 나는 세상으로 나아갈 필요가 없다.
스마트폰은 분주한 삶을 제공하면서도
그 삶을 실제로 경험할 필요는 제거한다.

나의 스마트폰에서는 늘 무슨 일이 일어난다

샤를 보들레르^{Charles Baudelaire}는 회한이 잘못, 실수, 나태를 결코 되돌릴 수 없다는 사실에서 비롯한다고 했다. 반대로 새로운 것을 시작하거나 도모할 수 없을 때도, 비슷비슷한 시간의 더미 속에 균열을 낼 수 없을 때도 회한이 생긴다. 레비나스는 오블로모프에 대해 쓴 글에서 나태는 "시작의 불가능성"이라고 하면서 오블로모프 본인도 살아가기에는 너무 나태하다고 말한다. 그는 영웅심을 발휘했어야 했다. 불같은 용기로 침상을 박차고 일어나 새날을 맞이하고, 이불을 걷어치우고 굳건하게 땅을 디디고 서서 시대를 마주했어야 했다. 하지만 오블로모프에게는 그러한 용기가 없었다. 아침부터 오후를 지나 저녁까지 그냥 흘러가는 삶에도 일상이라는 평범한 세계가 주는 매력이 있기는 하다. 거의 저절로 흘러가는 삶에는 마음을 달래주는 기쁨이 있다. 이는 어떤 이에게는 공포스럽겠지만 또 다른 이에게는 느긋한 즐거움이 된다.

"나태paresse"라는 단어에는 두 가지 의미가 있다. 일반적인 의미는 "노동에 대한 거부"이지만, 좀 더 형이상학적으로는 "부담으로서의 실존"(레비나스)[3]을 대하는 의기소침을 가리키기도 한다. 전자가 먹고사느라 삶을 잃어버리는 일을 거부한다는 의미라면, 후자는 급진적인 자세를 취하기를 포기하거나 그럴 수 없음을 뜻한다. 산다는 것은 짐이기 때문에 고치 속에 들어앉으면 그 짐을 느끼지 않을 수 있다. 단 이 방법을 따르다 보면 삶의 의욕과 욕망을 잃어버릴 위험이 있다.

20세기 말에 등장한 휴대전화는 천재적 발견이었다. 휴대전화는 밤낮을 가리지 않고 아무 때나 누구에게든 연결해 준다. 어느 때든지 상대가 전화를 바로 받지 않으면 우리는 짜증이 난다. 이 작은 단말기는 자신이 제공하는 바로 그 세상을 앗아가기도 하는 묘한 특성이 있다. 생각해 보라. 스마트폰은 집으로 세상을 가져다준다. 스마트폰 한 대면 메시지, 뉴스, 음악, 영화를 얼마든지 접할 수 있다. 이것이 대단한 진보임은 반박할 수 없다. 그렇지만 스마트폰은 세상을 내 손바닥에 올려놓음으로써 피상적으로 만든다. 세상이 내게 오기 때문에 나는 세상으로 나아갈 필요가 없다.

스마트폰은 세상을 쓸모없는 것으로 만든다. 스마트폰은 내게 일어날 수 있는 일의 예상 범위를 언제나 뛰어넘기 때문이다. 전 지구적인 광장에서, 우리는 이동을 하지 않고도 다른 대륙에 있는 사람과 대화를 나눌 수 있다. 마치《성경》을 참고하듯 하루에도 수십 번씩 스마트폰으로 검색을 하고 메일을 확인하는 이유는, 거기서 무슨 조언이나 가르침을 얻기 위해서가 아니다. 스마트폰은 분주한 삶을 제공하면서도 그 삶을 실제로 경험할 필요는 제거한다. 주머니에 손을 넣어 스마트폰을 만짐으로써 우리는 살아 있고 세상과 연결되어 있다는 확신을 얻는다.

나의 스마트폰에서는 늘 무슨 일인가가 일어난다. 흥미로운 정보, 충격적인 뉴스, 게임, 애플리케이션을 가득 품은 스마트폰 한 대만 있으면 밋밋한 일상에 특별한 양념이 더해지는 것 같다. 아니, 스마트폰은 양념이라기보다는 일종의 영원한 잡념이다. 이 작고 요란한 짐승은 자꾸만 움찔대면서 나를 불러세우고 사사건건 옭아매는 전자 올가미나 다름없다. 우리는 이 작은 상자에 모든 것을 기대한다. 진짜 삶을 포기한 채 우리의 의욕과 열정을 어긋나게 몰아가는 도구에 의지하는 셈이다. 스마트폰은 한낱 기계에 지나지 않아야 하건만, 우리는 그 기계에 휘둘린다. 중독 치료를 받아봐야 소용없다. 하루쯤 스마트폰을 꺼두거나, 직장에서 회의 시간에 잠시 스마트폰을 가방 속에 넣어두고 의식적으로 잊으려 한들, 재회의 기쁨만 더욱 강해질 뿐이다. 사귀지 말라고 하면 더 사귀

*

고 싶은 연애의 메커니즘과 비슷하다고 할까.

우리는 스마트폰에 보편적 보바리즘^{bovarysme}(플로베르의 소설 《보바리 부인》의 주인공에게서 비롯한 개념으로, 환상을 좇아 자기를 실제보다 부풀려 생각하는 정신 작용을 뜻한다―옮긴이)이라 부를 만한 그 무엇을 기대한다. 극심한 실망이 따라오기 마련인 미친 희망을 말이다. 자신의 실제 모습을 무시한 채 자신이 되고 싶은 모습을 자기라고 믿어버리는 보바리즘의 끝에는 실망만 남을 뿐이다. 우리는 스마트폰이 엄청난 사건을 불러일으키거나 예고하길 바란다. 이 도구로 인해 우리는 사랑하는 사람과 늘 연결되어 있을 수 있지만 기다림은 더욱 참기 어려워진다. 그 사람이 왜 나에게 전화를 하지 않을까? 당신은 기계에 문제가 생겼거나, 배터리가 방전됐거나, 전화가 안 터지는 곳에 있거나, 스마트폰을 도난당했을 거라고 생각하겠지만 현실은 잔인하다. 그 사람은 그저 당신과 말하고 싶지 않은 것이다.

삶에서 아무 일도 일어나지 않을 때

휴대전화여, 오 나의 휴대전화여, 나에게 멋진 일이 생길 거라 말해다오. 나를 놀라게 해다오. 펄쩍 뛰게 해다오. 이것이 밤낮으로 버스에서, 지하철에서, 비행기에서 휴대전화를 들여다보거나 사소한 진동에도 휴대전화부터 꺼내고 보는 수백만 사용자의 바람이다. 가장 멋진 휴대전화도 자기가 줄 수 있는 것—세련된 소통 시스템—이상은 줄 수 없다. 과거의 미궁을 탐색하고, 인생의 지평을 넓히기 위해 풍경을 감상하고, 타인과 대화를 나누고, 책을 펼치는 대신에 휴대전화로 게임을 하거나 드라마 시리즈만 보는 사람이 이토록 많다니, 슬픈 일이다.

화면은 너무 가득 차고 넘쳐난 나머지 비어버렸다. 사람들이 화면에 중독되는 이유는 화면상의 사건은 경험되는 것이 아니라 대리 수용되는 것이기 때문이다. 삶에서 아무 일도 일어나지 않을 때, 적어도 스마트폰에서는 현실의 시뮬라크르^{simulacre}를 꾸며낼 수 있다. 불확실한 세상에서 스마트폰은 위험하지 않은 전율을 제공함으로써

*

공허를 견뎌내게 한다. 그러나 그 풍부함은 가짜라는 데 비극이 있다.

스마트폰은 이제 신체의 일부가 되었다. 디지털 시대는 산만함의 승리와 주의력의 몰락으로 대변된다.[4] 우리는 더 이상 스스로를 제어하지 못하고 매 순간 새로운 만족을 추구한다. 광적인 스마트폰 사용은 경험의 빈곤과 다르지 않다. 친구나 배우자와 식사를 하거나 대화를 나누면서 처음부터 끝까지 스마트폰을 한 번도 보지 않는 사람이 우리 중 몇 명이나 될까? 스마트폰은 결과가 어찌 되건 당장 메시지에 답할 것을 종용한다. 우리의 주의력을 자기 자신을 포함한 모든 것에서 떠나게 만든다. 타인과의 소통 도구가 아이러니하게도 가장 가까운 사람들과의 대화를 방해하거나 관계에 공백을 만든다.

버스에서, 열차에서, 상점에서 큰소리로 통화를 하면서 뻔뻔하게 자기네 사생활을 내비치는 사람들과의 충돌은 끊이지 않는다. 스마트폰이라는 보조장치를 갖게 된

신인류는 시도 때도 없이, 심지어 사랑을 나누다가도, 전쟁 중에 긴급한 전갈을 받은 지휘관처럼 냅다 그 장치를 꺼내 든다. 전화, 메시지, 알람을 우연히라도 놓칠 수 있겠는가? 이게 바로 포모^{FOMO}(Fear Of Missing Out), 즉 뭔가를 놓칠지도 모른다는 두려움이다. 우리는 스마트폰을 들여다보면서 최근의 상황과 청원에 열광한다. 밀려드는 소식들, 폭발적으로 급증하는 정보가 불확실한 파트너보다 우리를 더욱 흥분시킨다.

그 사람이 왜 나에게 전화를 하지 않을까?

당신은 배터리가 방전됐거나,

전화가 안 터지는 곳에 있거나,

스마트폰을 도난당했을 거라고 생각하겠지만

현실은 잔인하다.

그 사람은 그저 당신과 말하고 싶지 않은 것이다.

일상

운명이
가장 낮은 길로
나아갈 때

*

운명이 결코 날아오르지 못하고
가장 낮은 길로 나아가는 이 방식을
일상이라고 부른다.

사소한 것을 높이고 고귀한 것을 낮추는

일상은 얼핏 소박해 보이지만 그 이면에 수수께끼를 품고 있다. 플랑드르파는 일상이라는 개념을 탄생시키고 17세기에 이를 정점에 올려놓았다. 플랑드르파는 요리를 하는 여자, 편지를 쓰는 남자, 아기에게 젖을 물린 엄마, 잠든 병사, 책 읽기에 푹 빠진 여자 등 실내의 정경을 화폭에 즐겨 담았다. 플랑드르파는 그때까지 성인과 영웅 들이 주로 등장하던 종교화나 전쟁화가 은폐하고 있던 범속함을 정립했다. 츠베탕 토도로프^{Tzvetan Todorov}에 따르면, 평범한 사람들도 재현의 대상이라는 자격을 누릴 수 있게 되었다는 점에서 굉장히 새로운 변화였다.[5] 게오르크 헤겔^{Georg Hegel}도 프로테스탄티즘은 신도들을 평범한 삶에 붙잡아놓았다는 점에서 빼어났다고 말하지 않았는가? 그림 밖에는 혼란이 활개 치고 있지만 안에는 평화, 정, 인간적 정념의 우아한 전개가 있다. 이 그림들은 조금도 하찮아 보이지 않는다. 그림 속 사물들은 실제로 존재하는 것들이기에 아름답다. 부르주아, 농민, 직공, 군인, 창녀, 모두 자기 모습 그대로 관심을 받을 가치가 있다. 이것은 회화 혁명이자 의식 혁명이다. 사소한 것을 높이고 고귀한 것은 낮춘다.

순무를 다듬거나, 피리를 불거나, 가구를 수리하거나, 거울 앞에서 머리를 빗는 평범한 활동이 군주의 대관식이나 고전 속 영웅의 위업에도 뒤지지 않는 그림 주제가 되었다.⁶⁾ 친숙함이 숭상 받으면서 개인이 가까운 이들과 더불어 활짝 피어날 수 있는 장이 마련되었다. 자기 집에 머무르는 데 행복이 있었고, 가정의 가치는 찬양 받았다. 노골적이면서도 애매한 일상의 세계는 예술의 빛을 듬뿍 받았다. 평범한 이들은 그런 식으로 예외적 존재들에게 복수할 수 있었다. 이러한 최초의 사실주의는 외젠 프로 망탱Eugene Fromentin이 말하는 "참된 것에 대한 애정"을 보여 주었다. 진부한 것의 위대한 현현에서 인간다움은 활짝 피어날 수 있었다. 감성을 짓누르던 저주가 잠시나마 풀렸다.

끝도 없이 단조로운 일상이 차곡차곡 쌓이면

일상은 이 신선한 느낌을 오래 간직하지 못했다. 18세기에 등장한 자연주의 사조에서 일상은 거부의 대상이자 매혹의 대상이었다. 자연주의 소설은 꼼꼼한 고증으로 불쾌감을 불러일으키는 것도 마다하지 않았다. 에밀 졸라Émile Zola에서부터 조리 카를 위스망스Joris Karl Huysmans까지 자연주의 작가들은 펜으로 보여주는 대상을 단죄하거나 비하하는 동시에 구질구질한 세부 묘사를 즐겼다. 두에인 핸슨Duane Hanson은 1960년대에 유리섬유와 수지로 만든 평범한 시민들의 조각상을 공공장소에 세워서 엄청난 성공을 거두었다. 슈퍼마켓 계산원, 버뮤다팬츠 차림의 관광객, 잔디 깎는 사람, 얼근히 취한 커플이 놀랄 만큼 실물과 흡사하게 재현되었다. 공원이나 거리를 걷던 사람들이 자신의 분신을 마주치고는 인사를 건넬 수도 있다.

극사실주의를 표방한 두에인 핸슨의 대표작 중 하나가 바로 〈슈퍼마켓 레이디〉다. 머리를 헤어롤로 말아 올린 주부가 슈퍼마켓에서 오만 가지 물건으로 미어터질 것 같은 카트를 끌고 있는 모습의 작품이다. 별의별 인간 유형을 망라해놓은 핸슨의 작품 목록에서 모델과 우리의 유사성은 심란하다 못해 무섭다. 그들은 우리와 마찬가지로 얼마든지 대체 가능하다. 그들의 표정 없는 눈을 보면 마치 다른 행성에서 온 사람들 같다. 사소한 몸짓에도 감출 수 없는 우울감이 어려 있고 한없이 깊은 공허가 드러난다. 이 익명의 존재들은 누구라도 될 수 있다. 나도, 여러분도, 여러분의 이웃도 될 수 있다. 오늘날의 시뮬라크르는 그로테스크한 조각상의 모습을 하고 있다.

고전적인 그리스도교 세계는 성과 속, 하늘나라와 지

상의 왕국을 대립적으로 파악했다. 하지만 현대 세계에서 내세는 더 이상 이승을 저주하지 않는다. 우리가 달력과 월급에 볼모 잡힌 후로 삶은 그만그만해졌다. 우리의 실존은 매달의 월급명세서로 전락했다. 진부함은 어느 시대에나 있었다. 그러나 현대는 초월성과 절연했기 때문에 진부함을 뼈가 드러날 정도로 벌거벗긴다. 과거에는 삶에 방향성이 있었다. 길지 않은 삶을 사는 동안 영혼의 구원에 집착했고, 그러기 위해 원죄를 대속해야만 했다. 죽음은 끝이 아니라 미지의 축복 혹은 혐오로 통하는 문이었다.

르네상스 시대부터 행복에 대한 관심이 영원에 대한 불안을 대체하기 시작했다. 자크베니뉴 보쉬에Jacques-Bénigne Bossuet, 블레즈 파스칼, 그리스도교 도덕주의자 들이 규탄했던 덧없는 쾌락들은 의학과 농업의 발달로 평균 수명이 길어지면서 전에 없던 호시절을 누리게 되었다. 그리고 프랑스 대혁명으로 신 대신 인간이 법의 근간을 이루면서 일상생활은 어느 정도 자율성을 얻었다.

이제 미리 정해진 삶의 방향은 없다. 삶이 어느 방향으로 갈 것인가는 자기 자신에게 달렸다.[7] 그러므로 삶은 즉흥이 될 수도 있고, 반복이 될 수도 있으며, 밑도 끝도 없는 염불로 제한될 수도 있다. 그날이 그날 같은 삶이 비틀거리기 시작한다. 그렇게 진부함이라는 시대병이 탄생한다. 진부함은 마치 흠집 난 디스크처럼 끝까지 돌지 못하고 계속 같은 자리에서 튄다.

진부한 삶은 우리를 지겹게 할 뿐 아니라 기력을 쏙 빼놓는다. 삶에 아무 일도 일어나지 않기 때문에 우리는 한없이 고단하다. 알맹이도 없는 주제에 기운을 빨아먹는다는 것이 이 현상의 미스터리다. 똑같은 일이 반복될수록 우리는 더욱더 짓눌린다. 오늘은 어제의 판박이 같고 내일 또한 다르지 않을 것이 뻔하다. 그저 자잘한 근심과 못마땅함에 미세하게 손상을 입을 뿐이다. 장폴 사르트르Jean-Paul Sartre는 《구토 La Nausée》에서 이렇게 말한다. "살아보면 아무 일도 일어나지 않는다. 배경이 바뀌고 사람들이 등장했다가 퇴장하는 게 전부다. 시작이란 없다.

운을 맞추는 것도 아니고 이유가 있는 것도 아닌데 나날들은 차곡차곡 쌓인다. 끝도 없이 단조롭게 덧붙여진다."

나답게 살아야 한다는 피로

이러한 나날들 속에서 지극히 현대적인 피로가 일어난다. 거창한 일을 해서 피곤한 게 아니라 똑같은 상황이 끝도 없이 되돌아오기 때문에 피곤하다. 규칙성은 긴 호흡의 프로젝트와 생산적인 작업에 필요한 조건이지만 우리를 헤매게 하는 안개이기도 하다. 이 공격은 차분하고 평화로운 모양새를 취하기 때문에 더욱더 강력하다. 우리 삶은 언뜻 지극히 평안해 보이지만 실제로는 숨 돌릴 틈도 없는 전투다. 간간이 들리는 소음, 자질구레한 불안, 가벼운 충돌 등 사소해 보이는 일인데 그게 그렇게 버겁다. 여기에 자기답게 살아가야 한다는 피로가 추가된다.[8] 이 피로는 자유롭고 초탈한 주체로서 행동해야 한다는 의무에서 탄생했다. 가장 평범한 삶이야말로 번잡스럽기 짝이 없다. 그러한 삶은 피곤한 요구가 끊이질 않으면서

지긋지긋하게 단조롭기까지 하다. 지긋지긋한 걸로 끝나기만 하면 모를까, 사람 기운을 빨아먹는다.

일상의 특징은 모든 것을 중립에 놓고 명암을 지우며 아무것도 구별되지 않는 안개 속에 사랑, 분노, 열정, 희망을 모조리 묻어버린다는 데 있다. 19세기 이후로 문학은 늘 같은 불만을 호소했다. 불만의 주제는 바로 순환적인 삶, 즉 우리를 때려눕히고 진을 빼게 만드는 질기고도 균일한 삶이었다. 뚜렷한 사건이 없다고 해서 담담한 삶이겠는가. 시간은 흐른다. 아무렇지 않게 흐르는 한 시간 또 한 시간이 우리에게서 기쁨을 빼앗아가고, 느끼지도 못한 사이에 우리를 망가뜨린다. 삶에는 대가가 따른다. 무기력조차도 긴장과 공격성을 내포한다.

우리의 감각이 서서히 썩어들고 은밀한 전쟁을 치르는 이 현상은 비극의 수준까지 올라갈까? 그러한 삶은 운명이 되지 못한 채 그저 아무도 관심 없는 일상다반사의 연속으로 남는다. 거기서 비롯되는 추상적 피로는 그 자체로 매우 특이한 성격을 띤다. 이 피로는 활발한 활동이 아니라 일상이라는 루틴의 결과물이다. 아무것도 아닌 일이 무슨 공격처럼 느껴지고 손에 땀을 쥐게 하는 모험만큼 에너지를 앗아간다. 세상이 정신 차리기 힘들 정도로 빠르게 변한다고들 한다. 단순 서비스들마저 디지털화되는 것만 봐도 그렇다. 하지만 모든 일이 쉬워지기는커녕 되레 어려워졌고, 그다지 더 나은 결과를 얻을 수 있는 것도 아니다. 무엇보다, 세상이 어디로 가는지 모르는 상황에서 속도를 내는 것이 무슨 의미가 있겠는가. 《거울 나라의 앨리스》에서 붉은 여왕이 앨리스에게 말했던 것처럼, 우리도 제자리에 있기 위해 온 힘을 다해 달려야 한다.

관성은 복구 불가능한 손상을 불러오고 우리의 기분과 에너지를 갉아먹는다. 일상의 삶에서는 서스펜스의 매력을 느낄 수 없다. 늘 똑같은 일들이 뻔히 예상되는 패턴으로 일어나고 지겹도록 되풀이된다. 뭐 새로운 일 없어? 이 질문에 변함없이 돌아오는 대답이 있다. 딱히 없어. 뭔가가 다시 시작될 뿐, 정말로 새로이 시작되는 것은 없다. 도시의 풍경을 유예의 장소로 그려낸 에드워드 호퍼Edward Hopper의 몇몇 그림은 이러한 정서를 강렬하게 표현한다. 〈오전 11시〉라는 그림에서는 한 여자가 창가에서 거리를 내다보고 있다.[9] 그녀가 무엇을 기다리는지는 모른다. 또 다른 그림에서는 카페 창 너머로 누군지 모를 사람들의 모습이 보인다. 등이 살짝 굽은 그들은 결코 일어나지 않을 변화에 애를 태운다.

탈진과 과로, 그것이 현대인의 삶이라고 프리드리히 니체Friedrich Nietzsche는 말했다. 하릴없이 시간을 보내면서 허깨비들과의 싸움에 지친 우리는 무미건조함이라는 증상을 입었다. 일상을 언제나 최저 수위로 유지하려면 엄청난 에너지를 집중해야 한다. 그러다 보니 진정한 기분전환의 혜택은 누리지 못한 채 산만해진 정신의 불편함만 감내하게 된다. 운명이 결코 날아오르지 못하고 가장 낮은 길로 나아가는 이 방식을 일상이라고 부른다.

자기 계발 코치들은 단조로운 삶에 영적 버팀목을 제공하기 위해 선zen, 명상, 내려놓음을 권장한다. 해탈한

＊

자, 편안함에 이른 자는 평정심의 본보기가 된다. 하지만 지금 우리에게 진정으로 필요한 것이 평정심일까? 스트레스와 싸우는 데 필요한 것은 차분함이 아니라 진짜 사건, 자신을 벗어나는 경험이다. 존재의 단순한 불안, 이 성근 긴장이 자꾸만 진정제와 휴식을 찾게 만드는 것이다. 이완은 깨작깨작 사는 삶을 치료하는 약이다. 그런 삶에서는 사소한 변동도 감당하기 어렵게 느껴진다.

시간의 가속화는 삶이 바빠짐으로써 충만하다는 착각을 불러일으킨다. 그러나 이 소용돌이는 허무를 낳고, 수없이 마음을 다잡아보아도 그날이 그날처럼 되풀이되는 일상에는 균열조차 일어나지 않는다. 무감각하게 살아가면서도 만사를 제쳐놓고 반드시 제어해야만 하는 돌풍에 휘말린 기분이다. 그러나 사람들은 무채색의 나날들에 맞서 강렬한 감정과 활발한 활동을 경험하는 대신 무념무상과 이런저런 규정들로 댐을 세운다.

우리에게 진정으로 필요한 것은 현명함이 아니라 가벼운 광기요, 영적인 치료제가 아니라 짜릿한 도취다. 봉쇄 경험은 바로 이 점을 두드러지게 했다. 봉쇄는 아무것도 하지 않기에 막연히 불안하고도 피곤한 단조로움 속으로 우리를 몰아넣었다. 산다는 것은 기본적으로 예측과 반복에 근거한 단조로운 실행이라고 폴 발레리Paul Valéry가 말했다. 하지만 반복은 우리의 기운을 분산시키고 약화한다. 반복은 오히려 무질서를 심화시킨다.

죽음 이후에도 삶이 있는가? 이 거창한 종교적 질문은 옛날이야기가 되었다. 오늘날을 살아가는 평범한 사람들이 품은 질문은 오히려 그 반대다. 죽음 이전에 진짜 삶이 있기는 한가? 우리는 충분히 사랑하고, 내어주고, 베풀고, 포용했는가? 인생은 이런저런 풍파를 피해 최대한 오래 버텨야 하는 지구력 테스트가 아니라 좋은 관계, 감정, 참여로 이루어져야 한다. 인생이 두꺼운 이불 속으로 쏙 숨어버리기, 비디오게임과 드라마 시리즈 정주행, 충동적 소비에 불과하다면 거기에 무슨 가치가 있을까?

시간을 늦추고 싶어 하든 앞당기고 싶어 하든, 위험에 노출되기를 각오하든 보호받기를 원하든, 마음속의 엄청난 충격이든 다행스러운 감정이든, 살다 보면 뭐라도 일어나기 마련이다. 변화의 여파를 알아차리기 위해서는 먼저 비슷비슷한 나날의 비몽사몽에서 깨어나 새로운 계시를 받아야 한다. 웅크리고만 있는 삶으로는 결코 그렇게 될 수 없다.

사생활

**나는 내 것이
아니었다**

*

아무런 구속도 없는 온전한 뒷방을 마련하고
그 안에서 진정한 자유와 가장 중요한 고독과
은둔을 확립해야 한다.
—미셸 드 몽테뉴

왕에게 부족한 것은 사생활의 즐거움뿐

사생활 역시 18세기에 신흥 부르주아 계급을 중심으로 출현한, 비교적 최근의 발명품이다. 사생활이라는 것이 생기면서부터 결혼에서 연애 감정이 중요해지기 시작했다. 유럽에서 주거지는 오랫동안 공동체의 성격을 지녔다. 부잣집이나 가난한 집이나, 시골의 농가나 수공업자의 집이나 그 점은 마찬가지였다. 나는 내 것이 아니었다. 타인들의 시선 밖에서 살아가는 개인이라는 개념은 통하지 않았다. 부모와 자식이 같은 방에서 잤고, 아주 궁핍한 집에서는 부부만을 위한 공간도 없이 다른 가족과 침대를 같이 썼다. 적어도 프랑스에서는 귀족 계급,

심지어 왕조차도 오늘날의 기준으로 보자면 결코 사정이 더 낫지 않았다. 그들의 일거수일투족은, 지극히 신체적인 기능들까지도 타인들의 시선에 노출되었다. 그래서 저 유명한 르네상스 시대의 발명품인 "밑이 뚫린 의자(이동식 좌변기 형태의 의자)"가 나온 것이다. 당시에 이러한 의자를 사용한다는 것은 손님들을 멸시할 만큼 신분이 높다는 표시였다. 생시몽Saint-Simon은 위대한 군인이었던 방돔Vendôme 공작이 "결코 위엄이 있다고 할 수 없는 의자"에서 거의 일어나지도 않은 채 지인과 가신 들을 맞이했으며, 그들 모두가 보는 앞에서 스스럼없이 볼일을 해결하고 가득 찬 변기통을 내가게 했다고 말한다.

역사가 미셸 페로Michelle Perrot는 루이 14세의 방이 세계를 구현하는 우주적 공간이자 군주정의 약동하는 심장, 국가인 동시에 연극 무대였다고 지적한다. 해돋이부터 해넘이까지 궁정 가신들은 국왕을 알현하기 위해 침대 머리맡으로 우르르 몰려들었고, 법도에 따라 이런저런 말을 건넸다.[10] 방문객들은 국왕의 침대가 비어 있을 때조

∗

차도 마치 성당 제단 앞에서 성호를 긋듯 공손히 고개를 조아렸다. 우리 시대에도 이런 일은 있다. 클레망 로세 Clément Rosset의 말에 따르면, 자크 라캉Jacques Lacan의 추종자들은 라캉이 죽은 후에도 그의 혼령을 기리고 경의를 표하기 위해 그가 세미나를 열었던 윌므 거리를 찾곤 했다.

보통은 남자 시종들이 국왕의 잠옷, 변기, 반바지, 신발 관리를 맡았고 궁내관이 전반을 관장했다. 침실chambre à coucher이라는 개념은 18세기에 등장했다. 군주는 왕비나 정부들을 만날 때만 빼면 자기 백성들의 것이었다. 군주는 신비체神秘體와 물리적 신체, 대대로 전해 내려오는 혈통과 일시적 강생이 공존하는 존재였기 때문이다. 라브뤼예르La Bruyère는 "왕에게 부족한 것이라고는 사생활의 즐거움뿐이다"라고 했다.

사생활은 문명화 과정과 궤를 함께한다는 점에서(노르베르트 엘리아스) 적어도 르네상스 이후로는 잠재적으로 존재해왔다. 문명은 처음에는 부끄러움을 아는 태도로 나타났다. 남이 보는 데서 침을 뱉거나 배설 혹은 성

교를 하지 않는 식이다. 과거에는 공개적으로 이루어졌던 행위들이 그늘로 물러났다. 모두가 함께 쓰는 공간의 숨막히는 분위기를 피하기 위해 부부들은 커튼을 칠 수 있는 닫집 침대를 고안했다. 20세기 후반에 살았던 피에르 자크 엘리아스Pierre-Jacques Hélias는 닫집 침대를 "수면용 금고 coffres-forts à sommeil"[11)]라고 부르기도 했다. 이렇게 공동 침실과 대비되는 개인 공간의 얼개가 만들어졌다.

공동 침실은 가난하고 헐벗은 이들의 차지이자 강간이나 근친상간 같은 온갖 악습의 원천이었다. 극빈자들은 매트리스조차 없어서 바닥에 벼룩과 이가 득시글대는 짚단을 깔고 잤다. 형편이 좋은 사람들만 발판이나 사다리가 필요할 만큼 높은 침대를 썼고, 가장 부유한 사람들은 거기에 닫집까지 설치했다. 특히 휴식과 관능의 장소인 부부의 방은 차츰 신성한 것으로 여겨져 가족 아닌 사람은 허락 없이 들어가서는 안 되는 공간, 허락을 받았더라도 매우 조심스럽게 대해야 하는 공간이 되었다.

✳

자기만의 공간을 갖는다는 것

"안락^{confort}"이라는 개념이 처음 탄생한 곳은 18세기 전후의 영국이다. 영주들의 성은 거창해 보였지만 매우 추웠고, 평민들의 오막살이는 지독히도 비위생적이었다. 고통과 쾌락의 철학자이자 공리주의자였던 제러미 벤담^{Jeremy Bentham}은 사유재산제를 옹호했던 자유사상가 존 로크^{John Locke}와 마찬가지로, 귀족 계급의 장중한 투박함보다는 안락을 추구해야 한다고 주장했다. 이제 일상의 편의, 환기가 잘되는 방, 편안하고 촉감이 좋은 의자와 침대, 청결한 화장실, 효율적인 난방 장치가 중요해졌다. 물질적·기술적 발전, 세련된 건축과 실내 장식은 눈물의 골짜기였던 지상의 삶을 장미가 만발한 언덕으로 바꾸어 놓았다. 생활 환경의 개선은 타고난 환경을 행복으로 가꾸겠다는 의지를 나타낸다. 경이로운 지상의 나라가 영원한 하늘나라를 대체하는 순간이었다.

쾌락은 더 이상 질겁하며 멀리해야 할 대죄^{大罪}가 아니라 인간다움의 증거로서 넙죽 받아들여야 할 선물이었다. 즐거움과 쾌락이 신앙과 공존할 수 있게 되었다. 육체가 권리를 되찾았으니 육체에 그럴싸한 공간을 마련해 주는 일은 마땅했다. 이제 육체는 결국 벗어버려야 할 영혼의 덧없는 껍데기가 아니었다. 지상에서 사는 동안 의지할 유일한 친구, 일엽편주一葉片舟로 여기며 잘 돌보아야 했다. 그리하여 온갖 종류의 위생 및 의료 수칙이 부상했다. 육신을 위하여 풍성하게 속을 채우거나 누비거나 안을 덧댄 의복과 침구가 등장했고, 육신이 가장 편안하게 느끼는 형태들을 여기에 적용했다. 앉았을 때의 편안함, 누웠을 때의 푹신함이 중요해졌다. 사람들은 밖에서보다 더 쾌적하게 지내기 위해 실내를 개조했다.

난민은 자기 소유의 공간에 거하지 못하고 타인에게 유숙하며 공공 정책이나 집주인의 심기에 좌우되는 삶을 산다. 아무리 협소할지라도, 대도시의 닭장 같은 방일지라도 자기만의 공간을 가진다는 것은 일종의 도박이다. 런던, 뉴욕, 파리의 집들은—소원이 이루어질 때마다 쪼그라드는 오노레 발자크Honoré Balzac의 나귀 가죽처럼—

점점 더 협소해지고 있다. 대도시 주택의 평방미터당 가격은 다분히 정치적인 문제다. 19세기부터 노동자 계급을 알코올 중독에서 건져내고 이들에게 위생과 건강을 보장하기 위해 주거의 민주화가 매우 중요해졌다. 가족 차원에서도, "어른들"과 따로 자게 된 아이에게 얼른 잠자리에 들라고 꾸중하는 경우가 생겼다. 그렇게 자라난 아이는 청소년이 되어 자기 사생활을 존중해달라고 강경하게 요구했다. 부모가 자녀의 방에 들어갈 때는 반드시 노크를 해야 했다. 그 방은 신체의 일부와 마찬가지이므로 허락 없이 밀고 들어가는 것은 방의 주인을 모독하는 행위에 가깝다.

　방은 자아실현, 성찰, 생활 관리를 위한 피난처다. 이런저런 계획을 세우기도 하고 연애를 숨기기도 하는 공간 말이다. 그러나 예술가와 작가 들에게 그토록 소중했던 자기만의 방은—마르셀 프루스트^{Marcel Proust}는 소음에 방해받지 않기 위해 방음벽을 만들어놓고 밤새 누워서 글을 썼다고 한다—유폐의 공간이기도 하다. 굳게 닫힌 문이 선물하는 기쁨 속에 연인과 부부는 침대에서 장난도 치고 느긋하게 시간을 보낸다. 바로 그 침대에서 생명이 태어나기도 하고 임종을 맞기도 한다. 방에서만 지내야 하는 환자, 시설에 수용된 노인이나 장애인도 징역살이를 하기는 마찬가지다.

방이라는 공간의 장악은 오랫동안 페미니즘의 주제였다. 《자기만의 방》은 버지니아 울프Virginia Woolf의 선언문이기도 하다. "소설을 쓰고 싶은 여성이라면 돈과 자기만의 공간이 반드시 있어야 한다."[12] 울프는 이 신랄하고도 냉소적인 소책자에서 여성이 경제적으로 남성에게 종속되지 않으려면 재정적으로 해방되어야 한다는 사실을 일깨운다(여성의 경제적 독립은 제인 오스틴이 가졌던 강박 관념이기도 했다).

미셸 드 몽테뉴Michel de Montaigne는 사색과 작업을 위한 독립적 공간을 처음으로 요구하고 나선 이였다. "아무런 구속도 없는 온전한 뒷방을 마련하고 그 안에서 진정한 자유와 가장 중요한 고독과 은둔을 확립해야 한다."[13] 남성

＊

은 언제나 바깥세상의 존재이자 정복자였던 반면, 여성은 가사 노동과 자녀 양육에 매여 살았다. 그리고 지금도 대부분의 사회에서 사정은 크게 달라지지 않았다.

버지니아 울프의 천재성은 유폐의 공간을 해방의 공간으로 변모시킨 데 있다. 그렇기 때문에 책 제목 "자기만의 방"은 슬로건과도 같은 울림을 가진다. 부부의 방과는 별개로 자기만의 방 만들기, 그것이 자유를 향한 첫걸음이고 더 이상 남편에게 의존하지 않을 방법이다. 남편이나 아이도 허락 없이 들어올 수 없는 나만의 방이다. 이 방에 자신을 유폐한 여성은 세상에 자신의 예술로 빛을 밝힐 수 있다. 스스로 고립되어 창작에 힘쓰고자 하는 이에게 상아탑은 반드시 필요하다. 어쩔 수 없이 함께 지내기보다는 고독을 선택할 수 있어야 한다. 작가, 예술가, 장인의 일은 무엇보다 자발적으로 혼자가 되어 작업과 명상에 몰두하는 것이다.

방

괄호가 쳐진 (세상)

*

집은 허무, 어둠, 모호한 근원의 공포를 막아주는 유일한 방벽이다.
인류의 자유는 안정과 내향을 통해 활짝 피어나며
개방과 무한을 통해서는 결코 그리되지 못한다.
—이마누엘 칸트

가장 용감한 자들이 동굴의 환상에서 눈을 돌린다

플라톤^{Platon}은 동굴의 비유$^{14)}$를 설명하면서 서양 철학에 영원히 남게 될 정신의 무대 장치를 상정했다. 사람들이 동굴 속에 사슬로 묶인 채 시선은 동굴 벽 쪽으로 고정되어 있고, 마음대로 고개를 돌릴 수 없다. 그들의 등 뒤로 동굴 입구 쪽에는 횃불이 타오르고 있다. 횃불과 죄수들 사이에는 길 하나와 낮은 담이 있다. 그 길을 따라 사람들이 머리 위에 이런저런 물건을 지고 나른다. 불빛이 그 물건들의 그림자를 죄수들의 시선이 향해 있는 벽에 드리운다. 죄수들은 평생 실제 물건을 본 적이 없고 오로지 그림자만 보고 살았기 때문에 그림자들이 현실이라고 생각한다. 그중 한 죄수에게 억지로 횃불을 쳐다 보게 한다면 그는 너무도 환한 불빛에 "눈이 멀 것 같아 서" 자기가 더 편안하게 느끼는 그림자들에게 돌아갈 것 이다. 가장 용감하고 대담한 자들만이 동굴의 환상에서 눈을 돌려 별이 빛나는 밤하늘, 태양, 천체 들을 감히 쳐 다본다. 이들은 더는 동굴 속으로 돌아가 다시 어둠에 익 숙해질 수 없다.

소크라테스Socrates에게 동굴은 오류에 사로잡힌 감각적 세계의 비유다. 반면, 동굴 밖 하늘은 지성으로 파악할 수 있는 선과 아름다움의 세계이다. 신성한 관조에서 인 간적이고 비루한 영역으로 넘어온 사람은 오류에 사로잡 힌 무지한 존재들과 대화가 통하지 않는다. 그래서 소크 라테스는 동굴의 죄수들이 순수한 이데아에 대한 인식 과 관조를 향해 조금씩 나아가려면 교육이 필요하다는 결론을 내린다. 진리와 선을 관조할 수 있는 소수는 갇혀 있는 자들에게로 돌아가 미덕을 가르쳐야 한다. 이 선택 받은 소수가 바로 철학자다. 철학자들은 "공통의 거처"로 돌아가 동족들에게 빛을 전해야 한다. 인류는 빛과 어둠 속에서 살아가는데, 오직 철학만이 광명의 세계로 인류를 인도할 수 있다.

동굴의 비유는 단지 서양 철학과 관념론의 토대만 마련한 것이 아니다. 이 비유는 풍부한 상징으로 오랫동안 사람들의 관심을 끌어왔다. 이제 우리의 동굴에는 안락을 더해주는 현대적 장비들이 잔뜩 들어왔다. 이는 우리의 동굴을 어두운 그림자들의 장소가 아니라 건강과 보호의 장소로 만들었다. 오히려 동굴이야말로 진정한 장소가 되었고, 바깥세상과 그 그림자들은 화면에서 끊임없이 지나가며 동굴 밖의 야만과 폭력을 상기시킨다.

18세기 이후 유럽에서, 사생활은 근대인을 형성하고 가족 및 지인과 삶을 누리며 개인의 운명을 결정하는 성역이 되었다. 우리는 더 이상 덧없는 현상의 세계와 변함없는 본질의 세계를 대립적으로 파악하지 않는다. 그 대신 공적 공간과 사적 공간을 구분한다. 시대마다 이 두 공간의 왕래에 대해서 생각하는 바는 달랐지만 어쨌든 인간이 두 공간을 오가며 산다는 점은 근본적으로 변하지 않았다.

인간이 세상을 살아가려면 자기 몸을 의탁하고 휴식을 취하며 스스로를 보호할 거처가 있어야 한다. 이마누엘 칸트Immanuel Kant는 극도로 불안정한 시대를 살았기 때문인지 이렇게 극적인 말을 남겼다. "집은 허무, 어둠, 모호한 근원의 공포를 막아주는 유일한 방벽이다. 집은 인류가 수백 년 동안 끈기 있게 수집한 모든 것을 벽으로 보호해 준다. (…) 인류의 자유는 안정과 내향을 통해 활짝 피어나며 개방과 무한을 통해서는 결코 그리되지 못한다. 집에 머문다는 것은 삶의 느긋함과 고요한 명상의 기쁨을 안다는 것이다. (…) 그러므로 인간의 정체성은 주거에 있다. 그렇기 때문에 집도 없고 절도 없으며 신앙도 없고 법도 없는 혁명가는 모든 불안과 방랑이 응축된 존재다."[15]

✳

수도원의 진부한 일상에는 정신을 지키는 힘이 있다

플라톤은 시대를 뛰어넘어 현대 가정의 풍경을 그려 보였는지도 모른다. 동굴에 전기와 소셜네트워크가 추가됐을 뿐이다. 고대 그리스와 21세기 사이에는 죄수 말고도 또 다른 인간 유형이 있었다. 그리스도교의 테두리 안에서, 골방에 틀어박힌 수도사라는 인간 유형이 등장한 것이다. 프랑수아르네 드 샤토브리앙François-René de Chateaubriand이 《랑세의 생애》[16])에서 이러한 인간 유형을 묘사했다. 자발적으로 세상을 등지고 트라프 수도원에 틀어박혔던 랑세 신부는 무엇을 추구했을까? 이 세상의 질서 속에서 새로운 질서의 증거가 되고 싶었던 건 아닐까?

2,500여 년 전에 테라와다 불교에서 수립한 수도사 생활이 유럽의 그리스도교에 들어와서는 독특하게 변형되었다. 6세기에 성 베네딕투스Benedictus는 명상과 기도에 오랜 시간을 들이는 수도원의 규칙과 일과를 처음으로 체계화했다. 성 베네딕투스가 만든 일과는 오늘날 우리가 세속에서 경험하는 시간의 특성을 예고했다. 수도사와

수녀는 현대인처럼 일상이라는 수수께끼의 거대한 힘에 지배당하기 시작했다. 그러한 일상이 그들을 삶의 끝까지 신에게 이끌었다.

아마도 서양의 치밀한 시간 활용 습관은 수도원과 수녀원의 조용한 그늘에서 시작되었을 것이다. 수도사 생활은 소박한 절제보다 온전히 시간으로 측정되는 삶의 규칙성에 더 힘이 실려 있었다. 신의 손에 자기를 맡긴다는 것은 나의 시간을 어찌 쓸까 고민하지 않고 그저 엄격한 규칙에 맞춰 산다는 뜻이었다. 니콜라 디아^{Nicolas Diat}에 따르면 "수도사들이 꿈꾸는 삶"이란 언제나 한결같은 일상 속에서 기도, 침묵, 말, 노동이 균형을 이루는 삶이다. 신에게 충실하다는 것은 무엇보다 그를 만나기 위해 마련된 일과표에 충실하다는 의미였다.

수도원에서 종^鐘의 일차적 역할은 시간과 그에 맞는 규정을 일깨우는 것이었다. 종소리는 나름의 언어로 정오와 자정을 알려주었고, 함께 기뻐하고 기념하자는 신호와 경종^{警鐘}과 조종^{弔鐘}을 구분했다. 종은 정보를 제공하고 시간에 리듬을 부여하는 음악의 전령으로서 노동과 휴식을 배분하거나 폭풍우 속에서 길 잃은 여행자를 인도해 주었다.[17] 세상에서 벗어나는 삶의 방식에는 두 가지가 있다. 막간의 명상이나 잠시 생각할 시간을 갖는 속인의 방식이 있는가 하면, 밭에서 노동을 하거나 병자와 죽어가는 자들을 방문하는 시간 외에는 일생을 수도원에서 보내는 성직자의 방식이 있다.

기도를 노동으로 대체한 프로테스탄트들은 노동을 거의 종교처럼 여겼다. 그들은 가톨릭 수도사가 신도들의 재물로 배를 불리고 음행에 빠지는 기생충 같은 존재라며 비난했다. 데시데리위스 에라스뮈스^{Desiderius Erasmus}는 신은 어디에나 있다며 이렇게 말했다. 그리스도교 세계 전체가 유일한 수도원이요, "모든 인간은 한 수도회의 형제들이자 참사회원들이다."[18] 수도사들은 가차 없는 시간표를 항상 따르느라 과로했고 숨 돌릴 겨를조차 없었다. 누구나 그렇듯이 열정이 희미해지면 수도사 역시 "지속되는 시간을 견뎌야"(블라디미르 장켈레비치) 하고 평범한 시간의 무게를 감당해야 한다. 신심이 충만할 때는 신의 영광과 자기 영혼의 구원을 위하여 바치는 모든 시간이 귀하고 또 귀하다. 그러나 때로는 무시무시한 독이 수도 사의 심장에 스며든다.

"아케디아^{akedia}"라는 그리스어는 "나태" 혹은 "무관심"을 뜻한다. 고행자들이 신을 향해 나아가는 길에서 이 무서운 죄가 발을 걸어 넘어뜨리고 슬픔에 빠뜨린다. 일생을 기도와 경배에 바친 자는 피곤하다. 기도에서 힘이 빠지고 구원에 대한 관심마저 시들해진다. 교회는 이 무서운 악 앞에서 속수무책이었다. "그러한 정념이 일단 수도사의 영혼을 사로잡아버리면 자신이 머무는 장소에 대한 공포, 자기 방에 대한 혐오, 자기와 더불어 지내거나 떨어져 있는 형제들을 게으르다거나 영성이 부족하다고 멸시하는 마음이 생긴다. 수도사는 마음이 약해지고 자기 방에서 해야 할 일들을 수행할 용기를 잃는다. 방에 머물면서도 독서에 전념하지 못한다. (…) 결국 그는 이곳을 최대한 빨리 떠나지 않으면 자신의 구원을 보장할 수

✱

없으리라고 생각한다. 더 이상 머물다가는 그 독방과 함께 멸절하고 말 터이니."[19] 열정과 사색이 지배해야 하는 은거지에 권태는 우울함을 몰고 오고, 음험한 안개가 스며들어 빛나는 집을 타락시키고, 마음을 무너뜨리고, 기운을 갉아먹는다. 변치 않는 것을 추구하는 마음은 덧없는 것들의 공세에 무너지고 만다.

그래서 수도사를 밤낮으로 살피고, 그의 심리적 공간을 구획하고, 쓸모는 별로 없지만 딴 생각을 못 하게 만드는 다양한 일거리를 계속 맡겨야 한다. 이러한 처사는 악마가 수도사의 추락을 꾀할지 모른다는 두려움에서 나온 것이다. 고행자, 독방 생활자, 은둔자가 가장 먼저 진부한 일상에 짓눌려 나가떨어지기 쉽다. 진부한 일상은 얼핏 상반된 듯 보이는 두 가지 현상이 하나로 합쳐진 형태로 나타난다. 한없이 권태로우면서도 부산스럽기 짝이 없는 것이다. 수도사는 미사, 찬양, 무릎 꿇기 등 광적으로 의례를 챙긴다. 수도사의 삶은 침묵하는 신에게 바치는 기나긴 기도이기 때문에 더욱더 좌절이나 공동 생활의 무기력에 노출되기 쉽다. 그의 내면은 텅 비어 있다. 신과의 직접적 관계가 끊어진 수도사의 흉흉한 모습이 그 점을 확인해 준다.

스티브 잡스Steve Jobs가 캘리포니아 자택에서 찻잔을 손에 든 모습으로 카메라 앞에 섰을 때 수도원의 금욕 생활은 자본주의 궁극의 슬로건이 되었다. 잡스는 스탠드와 턴테이블만 있는 공간에서 소파도 없이 바닥에 앉아 있었다. 그야말로 미니멀리즘의 과시가 아닐 수 없다.[20] 당시 애플의 직원들은 모두 검박하지만 엄격한 사규를 따라야 했고, 출근복도 비슷비슷하게 입었다. 수도원은 규칙과 삶을 합침으로써 공장, 사무실, 학교, 병원의 청사진이 되었다.

집은 사색의 토대가 되는 곳이다

내면성이란 무엇인가? 자신의 고유함을 발견하기 위해 자기 안으로 틀어박힌 사람은 내면의 공간이라는 일종의 은유를 발견한다. 그리스도교 세계에서 성 아우구스

＊

티누스^{Augustinus}는 처음으로 사적 공간을 수용 장소로 기술한 사람이다.[21] 인간의 속내는 온통 불투명하고 어둡기만 하니 오직 신의 권능만이 해결을 도모할 수 있다. 내 존재의 가장 깊은 곳에는 절대적 이타성^{alterité}이 도사리고 있으므로 나조차도 내 것이 아니다. 그러니 만사를 제쳐놓고 초월적인 신만이 내 안에 거하시게 해야 한다. 그러므로 내면성을 추구한다는 것은 마음으로 신을 만나는 일, "나 자신보다 나를 더 잘 아시는" 하나님을 만나는 일이다. 성 아우구스티누스에 따르면, 지극히 높으신 분께 바치는 경외가 아니라면 자아는 허상에 불과하다. 마이스터 에크하르트$^{Meister\ Eckhart}$, 블레즈 파스칼, 프랑수아 드살$^{François\ de\ Sales}$도 훗날 이러한 생각에 힘을 실어주었다. 그러나 천년 후에는 장자크 루소$^{Jean-Jacques\ Rousseau}$가 이 진단을 살짝 비틀어 이렇게 말했다. "나 자신만큼 나와 다른 것은 없다." 루소는 그 이유를 세상의 악의, 자신을 악착같이 물어뜯는 자들에게 돌렸지, 신의 위대함에서 찾지 않았다.

내면성을 자기 자신과의 머나먼 거리로 기술한 성 아우구스티누스와 내밀함을 타인에 의한 자기 추방으로 기술한 장자크 루소 사이에는 무려 13세기가 넘는 시간이 있다. 그 긴 시간 동안 유럽은 광범위한 영역에서 세속화되었다. 지상의 삶은 명예를 회복했다. 그렇지만 매번 "안"에는 타자가 있었다. 성 아우구스티누스의 경우에는 신이 내 마음을 차지한 신성한 타자였고, 루소의 경우에는 못된 말을 퍼붓는 사람들이 그 타자였다. 훗날 심리학, 프로이트주의, 문학이 이 정신의 어두운 방을 파헤친다. 비밀번호를 잃어버렸기 때문에 더욱더 해독하기 쉽지 않은 그 방은 때로는 비어 있고, 때로는 수많은 인물로 가득 차 있다. 풍부한 내면의 삶을 자랑하는 것은 굴라크나 나치 수용소에서 공포와 추위에 시달리면서도 동료들에게 시를 암송해 주었다는 이들에게나 가능한 일인지도 모른다. 성찰하고 기도하고 기억을 되새기는 일은 멀리 있는 타자와 대화한다는 행위이기도 하다. 이 대화를 잃으면 마음의 곳간은 텅텅 비어버린다.

*

그러므로 집은 사색의 토대가 되는 곳이다. 하늘과 땅, 높은 곳과 낮은 곳의 대립은 내 공간과 남들의 공간의 대립으로 바뀌었다. 이제 내 방, 내 집이라는 자그마한 고국을 토대로 삼지 않고는 세상에 대하여 어떤 행동도 취할 수 없다. 그러나 세상을 회피하는 것과 세상에 괄호를 치는 것은 엄연히 다르다. 방에 틀어박히는 것은 바깥세상을 저버리기 위함이 아니요, 다시 돌아가기 위해 그 세상을 잠시 유예 상태에 두는 것이다. 집이 감방이 되어버리면 현실에 열정을 쏟을 신체는 점점 죽어간다. 그런 집은 더 이상 집이 아니요, 일종의 방공호이며 요새화된 수용소일 뿐이다.

집

매어 사는
삶의 고통과 기쁨

*

루소는 보석함 속의 보석함 같은 생피에르 섬을 발견했다.
그는 악인들, 즉 인간들의 사회를 피해
영원한 감옥과도 같은 피난처에서 계속 살아가기를 꿈꾸었다.
작은 배에 누워서 물결 따라 흘러가며 자기 자신과의 생활을 즐겼다.

집에는 중력이 작용한다

집에는 커다란 행복이 있다. 사회적 장벽이 굳건할 때, 집 안에서만 느낄 수 있는 따뜻한 정과 포옹, 허심탄회한 감정이 떠오른다. 그러나 샤를 보들레르^{Charles Baudelaire}의 〈이중의 방〉에서처럼 방은 이중적 의미를 띨 수도 있다. 한편에는 관능의 꿈속에서 "영혼이 나태의 욕조에 몸을 담그는" 모슬린 커튼을 드리운 동방의 궁전이 있고, 다른 한편에는 집달리가 쫓겨날 위험을 무릅쓰고 집세를 받으러 오는 악취 나는 방, "절망의 산패한 냄새를 풍기는" 방이 있다.²²⁾

일반적으로 방에는 두 가지 운명이 있다. 자율적 삶의

서막이 되든가 숨 막히는 방구석으로 전락하든가 둘 중 하나다. 이제 막 성인이 된 젊은이가 부모와 함께 살던 집을 나와 원룸이나 셰어하우스에 들어가는 것은 자유를 확립해가는 과정이다. 그 나이 때는 독립된 자기 공간, 온전히 자기가 지배할 수 있는 공간을 원하기 마련이다.

스무 살에 자기 집 열쇠, 혼자 쓰는 침대, 옷장, 책상, 욕실을 가진다는 것은—비록 주방이나 거실은 공용 공간을 이용해야 하더라도—대단한 사치다. 여기서 집은 최소한의 자유를 누릴 수 있는 공간이다. 아무 말을 하지 않아도 괜찮고, 벽에 자기 정신을 투영해도 괜찮고, 컴퓨터, 책장, 포스터, 소형 냉장고, 옷을 잔뜩 걸어놓은 행거를 소유할 수 있고, 언제 들어오고 나가든 상관없다. 집에는 중력이 작용한다. 우리는 현재를 지배하고 미래를 대비하기 위해 자기 물건을 정리한다. 그러나 평안한 삶과 감금은 종이 한 장 차이다. 방은 남편, 오빠, 의사가 각각 복종하지 않는 아내, 여동생, 환자를 가두었던 감금

공간이기도 했다.[23)]

　세상에는 별의별 집이 다 있다. 숲에 대한 향수를 담은 통나무집, 오두막집, 천막, 이글루, 요새, 지하 등 별별 곳이 있다. 방공호, 지하창고, 하수도 연결망, 지하철 노선망처럼 2차 세계대전과 냉전 시대에 관심을 끌었다가 우크라이나 전쟁으로 미국과 유럽의 생존제일주의자들에게 다시 주목받게 된 공간들도 잊지 말자. 스위스 비엔 호수에서 보석함 속의 보석함 같은 생피에르 섬을 발견한 루소는 "자기 영역을 한정하기 좋아하는 사람의 행복"을 누렸다. 그는 "악인들", 즉 인간들의 사회를 피해 그 "피난처를 영원한 감옥으로 삼아"[24)] 오직 그곳에서 살아가기를 꿈꾸었다. 작은 배에 누워서 물결 따라 흘러가며 "자기 자신과의 생활"을, "영혼에 어떤 공허도 남기지 않는" 영원한 행복을 즐겼다.[25)]

　귀스타브 플로베르[Gustave Flaubert]는 어느 서신에서 흡사 성직자와도 같은 작가로서의 서원을 환기하며 분명히 말한다. "문과 창문을 닫고, 날이 추우니 벽난로에 불을 활활 피우고, 고슴도치처럼 웅크린 채 마음속에 위대한 관념을 불러내야 합니다."[26] 가스통 바슐라르[Gaston Bachelard]는 《꿈꿀 권리》에서 물가에 위치한 이상적 거처를 상상했다. "내게는 좁은 창이 필요했다. 창이 작을수록 이 집의 눈은 더 먼 곳까지 잘 보기 때문이다."

지금은 집에 웅크리고 있어도 온 세상의 방송을 수신하고, 컴퓨터 자판을 두드리거나 리모컨이나 스마트폰을 조작할 수 있다. 우리에겐 "선으로 연결된 삶(온라인 라이프)"이 있다. 코드를 통해 온 세상과 연결된다. 우리는 이 내밀한 광장에서 꿈쩍도 하지 않으면서 모두를 향해 홀로 떠든다. 자기 집에 있는 동안 외부세계에 대한 배우이자 관객이 된다. 아리스토텔레스[Aristoteles]는 활동적 삶[vita activa]과 관조적 삶[vita contemplativa]을 구분했는데, 이제 곧 가상적 삶[vita virtualis]이라는 세 번째 범주가 만들어질지도 모른다. 우리 시대의 집은 대우주를 흡수해서 피상적인 소우주로, 보물을 숨겨놓은 은닉처로 만들어버린다. 눈보라가 치든 비바람이 불든, 우리는 멀리서 일어나는 일을 배

✳

부르고 등 따신 "동굴" 속에서 머물면 이데아의 빛이 아니라 우연의 그림자로 바라본다.

집을 꾸민다는 것은 일단 익명성의 마법을 풀고 이전 거주자들의 망령을 쫓아내고 자신의 흔적과 발자국을 확실하게 남기는 일이다. 고딕 소설에 나오는 것처럼 모든 방에는 유령이 산다. 그 방들은 마법에서 풀려나야 우리의 것이 될 수 있다. 전부 비슷비슷해 보이는 호텔 방들조차도 "자기 것으로 만들려는" 의지를 피할 수는 없다.

밖이 없다면 안은 존재 이유를 잃는다

아니 에르노[Annie Ernaux]는 마흔세 살에 파리의 백화점에서 소매치기를 당한 일화를 이야기하면서 그 젊은 좀도둑의 껄렁한 태도에 묘한 매력을 느낀 동시에 "그 대단한 수완, 솜씨, 욕망의 대상이 내 몸이 아니라 내 핸드백이었기에 더욱더 굴욕감을 느꼈다"고 고백한다.[27] 집에 나 혼자뿐이고 찾아오는 이도 없다면, 성스러운 장소가 감옥이 되는 건 시간 문제이다. 나는 모든 구석에서 나 자신과 부딪힌다. 더 이상 "밖"이 없다면 "안"은 존재 이유를 잃는다. 안팎이 없는 닫힌 장소가 될 뿐이다. 세상의 거대한 빛, 불시의 아름다움이 끊임없는 왕래를 통하여 삶에 의미를 더해주어야 하는데 그러질 못한다.

미국의 대학 캠퍼스는 일종의 "따돌림"을 만들어냈다. 여성이나 성소수자는 외부인이 출입할 수 없는 안전 공간safe space에서 그들끼리 지내라는 것이다. 여기서 자기를 더 넓히고 뻗어나가는 건 중요한 문제가 아니다. 이제는 모든 공격에서 자기를 보호하는 조치를 강구해야 한다. 그들을 거친 비바람 속에 내보내 강하게 키우는 대신 고이 싸고 보호하려 한다. 마찬가지 맥락에서 공동체주의는 다른 삶의 방식과의 접촉을 회피하고 자신의 동류, 신앙, 인종에게만 집중하게 하는 수단이 되고 있다. 유럽에서 몇몇 시장이 자랑하는 "조용한 도시" 역시 사람들이 모여 사는 곳을 공동묘지 혹은 무균실 비슷하게 만들 위험이 있다. 대도시의 매력은 활기차고 분주한 데 있다. 집이든 방이든 밖으로 열려 있을 때만 폐의 구실을 할 수 있다. 그래야만 더욱 확장되고 순환이 이루어질 수 있다. 문과 창이 꽁꽁 닫혀 있으면 폐는 위축되고 탁해 빠진 실내 공기만 들이마시게 된다.

우크라이나에서는 은둔형 외톨이 생활을 하다가 전쟁이 터졌는데도 피난 가기를 주저했던 일명 "숲 인간lioudi kouski"이 화제가 되기도 했다. 언제나 열중해야 할 것은 "살짝 열린 틈새의 형이상학"(가스통 바슐라르)이다. 이 형이상학은 가능한 운명, 풍요를 낳는 사건의 우발성을 그려 보인다. 삶이란 떠날 때나 돌아올 때나 거치기 마련인 문지방에서 사는 것과 같다. 방과 집이 동네로, 거리로, 주위의 들판으로 통해 있을 때만 자기 확장이 이루어질 수 있다. 그럴 때 비로소 방과 집은 자기가 아닌 것, 새로운 운명과 맞닿은 언저리를 향하여 열려 있는 귀가 된다.

에마누엘레 코치아Emanuele Coccia가 말한 "방-세계chambre monde"라는 유토피아는 아마도 평계에 지나지 않을 것이다. 집은 아무리 풍요로울지라도 세계가 될 수 없다. 집 안에서 타자를 우연히 마주칠 일이 없다는 이유 하나만으로도 세계를 대체할 수 없다.[28] 쥘 쉬페르비엘Jules Supervielle이 아르헨티나의 초원 지대인 팜파스에 대해서 했던 말을 빌리자면, "지나치게 광대한 공간은 충분하지 못한 공간보다 우리를 더 숨 막히게 한다." 그러니까 감옥은 망망대해나 "변화없는 지평"의 광막한 초원 지대가 될 수도 있는 것이다. 무한한 공간은 감옥만큼 압박감을 줄 수 있다. 러시아에서는 끝이 안 보이는 땅에 죄수를 가둔다. 굴라크는 간수들의 살벌함뿐만 아니라 땅의 광대함으로도 압도적이었다.

자연이 문화의 폐해를 바로잡을 수 있다고 생각한 루소 이래, 들판으로 돌아가자는 생각은 18세기 이후 문학에서 당연하게 여겨졌다. 귀스타브 플로베르의 소설《부바르와 페퀴셰》를 보자. 부바르는 적은 유산을 물려받게 되자 이렇게 외친다. "우리 시골로 은퇴하자."[29] 부바르와 페퀴셰는 지방을 두루 돌아다니고는 마침내 노르망디에 정착하기로 한다. 두 친구는 농사는 취미이고 학문 연구가 본업인 무능하지만 양심적인 사람들로 살아간다. 그

＊

러나 마오쩌둥이나 크메르 루주와 같은 전제주의 체제들은 농사를 반동분자들에게 공산주의의 아름다움을 재교육하는 끔찍한 형벌로 둔갑시켰다. 인간을 정신적으로 새로 태어나게 한다는 자연이 가장 약한 자들을 죽인 것이다.

민주주의 사회에서도 마찬가지다. 낙원과 같은 푸르른 자연을 찾는 일에는 그 자체로 찜찜한 구석이 있다. 자연 속에 있다는 것은 비일상이고 대도시에서 멀리 떠나왔다는 뜻이다. 기존의 판을 바꾸는 데까지는 가지 않는 온건한 선택지인 셈이다. 우리는 소란스러운 도시에서 빠져나와 조용히 지내러 자연으로 간다. 힘든 일이 있을 때 잠시 정원이나 텃밭을 가꾸면서 초록의 괄호를 치고 그 안에 숨는다. 정원은 탁 트인 공간임에도 다른 곳과 마찬가지로 권태를 자아내는 유폐의 공간일 수 있다. 1880년에 조리 카를 위스망스는 소설 《정박지En rade》에서 시골 휴양지의 신화를 박살냈다.[30] 파리에서의 삶에 염증을 느낀 한 부부가 사촌들이 사는 시골에 내려와 성에서 지낸다. 그렇지만 시골은 음침하다. 허구한 날 비가 오질 않나, 맑은 날은 진드기와 씨름해야 하질 않나, 사촌들은 불량하고 심보가 고약하다.

요즘에는 도시의 건물 안에도 대낮같이 조명을 밝혀 놓은 실내 텃밭이 있고, 거실에서 콩과 무를 키우는 사람이 있는가 하면 테라스에서 과실수를 키우는 사람도 있다. 실내 간이 농업이랄까. 이제 나의 집은 바깥을 병합하고 함부로 집어삼키는 제국이 된다.

✳

집에 나 혼자뿐이고 찾아오는 이도 없다면,

성스러운 장소가 감옥이 되는 건 시간 문제이다.

더 이상 "밖"이 없다면 "안"은 존재 이유를 잃는다.

세상의 거대한 빛,

불시의 아름다움이 끊임없는 왕래를 통하여

삶에 의미를 더해주어야 하는데 그러질 못한다.

잠

침대 위에서
보내는 절반의 인생

*

우리는 침대에서 인생의 절반을 보내고
나머지 절반에서 겪은 슬픔도 잊는다.

—그자비에 드 메스트르

자고 또 자는 것, 그것이 나의 유일한 소원이다

요람과 무덤은 나를 잊고 내려놓을 수 있는 감미로운 둥지이다. 침대는 모든 대담한 행위와 모든 체념이 가능한 장소다. 우리는 침대 위에서 낮 동안의 활동이나 점잖은 체면을 잠시 유예한다. 잠과 죽음은 공평하다. 왕이나 천민이나 잠을 청하기는 마찬가지다. 전자의 잠은 군주의 휴식이지만, 후자의 잠은 지독히 팍팍한 삶을 잠시 잊는 것이다. 보들레르는 이렇게 말했다. "자고 또 자는 것, 그게 지금 나의 유일한 소원이다. 비겁하고 역겨운 소원이지만 진실이 그러니 어쩌겠는가."

잠은 규칙적으로 심연으로 내려가는 행위다. 죽음은

존재를 삼켜버리지만, 잠이라는 작은 죽음은 존재를 다시 태어나게 한다. 침대와 한 몸이 되어 꼼짝도 하지 않는 사람은 아주 효율적으로 행복을 추구하는 중이다. "우리는 침대에서 인생의 절반을 보내고 나머지 절반에서 겪은 슬픔도 잊는다"고 18세기에 그자비에 드 메스트르Xavier de Maistre는 말했다. 그 시대에는 손님이 집을 찾아와도 침대 위에서 그냥 맞이하곤 했다. 1979년에 사진작가 소피 칼Sophie Calle은 친구들이나 전혀 안면이 없는 사람들을 자기 침대에서 재우고는 그 모습을 사진으로 기록하는 '잠자는 사람들' 프로젝트를 진행했다. 잠자리는 다른 사람들과 독특한 경험을 공유할 수 있는 생활 공간이 되었다.

침대는 사생활의 부속품으로, 손님을 맞이하거나 끼니까지 해결하는 사회적 장이 될 수 있다. 때로는 탁자 겸 의자 겸 막사 기능까지 다용도로 쓰인다. 1969년 3월 25일에 존 레넌John Lennon과 오노 요코Ono Yoko가 암스테르담의 해밀턴 호텔 침대에서 기자들을 만났던 것을 기억하

*

는가. 그들은 침대에서 베트남 전쟁에 반대한다고 선언하고, 세계에 평화의 메시지를 전했다. 그들에게 침대는 화합의 상징이자 연단이었고 특별석이었다.

휴식의 공간인 침대에서 우리는 항상 수면 부족과 수면 과다 사이를 오간다. 나이가 들수록 잠을 푹 자지 못하는 것이 일상이 되니 적응을 하는 편이 좋다. 극단적 불면증에 시달리면 아무리 피곤해도 잠에 빠지지 못하는데, 공황과 회복이 겹쳐 있는 상태이다. 기를 쓰고 잠을 자려고 할 때는 도통 잠이 오지 않는데, 정신 차리고 깨어 있어야 할 때는 눈이 감기니 얼마나 허탈한가. 새벽까지 잠을 못 이루면 밤이 무자비한 선고 같다. 별것 아닌 걱정이 터무니없이 불어나고 오만 가지 음침한 근심 걱정에 짓눌려 무력함을 뼈저리게 느낀다. 누워 있는 인간은 무방비 상태이다. 밤은 무섭고 두려운 힘에 우리를 내어준다. 잘 때는 몸에 이것저것 걸치지 않기 때문에 침대에 있을 때는 급습에 더욱 취약한 상태가 된다. 때로는 곤경이라는 이름의 침대에 못 박혀 누워 있는 것 같은 기분이 든다.

그렇지만 가슴 벅찬 불면도 있다. 자기 안에 엄청난 힘이 잠재되어 있을 때는 잠을 이룰 수 없는 법이다. 잠자리에서 일어나야 하는 이유는 정신을 차리기 위해서이기도 하지만 힘을 되찾기 위해서이기도 하다. 피곤하다 못해 탈진했음에도 자기를 잊고 확 풀어지지 못하는 것이 불면증이다. 잠을 한두 번 자보는 것도 아니고, 오늘 밤 잠을 못 자면 내일 하루가 얼마나 힘들지 다 안다. 그래서 이리저리 뒤척이며 잠을 청해보지만 도무지 잠에 푹 빠져들지 못한다. 똑같은 문장, 똑같은 생각이 몇 시간째 머릿속에서 떠나지 않는다. 부조리한 각성은 매 순간 사라질 틈을 엿보지만 바로 그 행위로 인하여 연장된다. 불면증 환자는 자기 자신에게 가장 큰 폐를 끼친다.

악몽을 깨우는 것은 창문 너머로 비치는 햇살이다. 교회의 종소리, 트럭의 경적 소리에 집은 잠에 빠졌던 동물처럼 몸부림을 친다. 설치류들이 쪼르르 달려가는 소리, 새들의 지저귐이나 파드득 날갯짓 소리와 함께 집은 다시 살아난다. 햇빛이 겨울에는 창백하게, 여름에는 위풍당당하게 우군처럼 돌아와 게으름뱅이들을 따뜻한 이불 속에서 끌어낸다. 심연의 가장자리를 거닐다가 무사히 살아서 다시 한번 빠져나왔다고 생각하는 이에게는 한없이 행복한 순간이다. 아침에 눈을 뜨거든 다시 이 세상을 살아가게끔 허락하신 신들에게 감사 인사를 올리라는 세네카Seneca의 격언을 생각한다. 기상은 평정심이 공포를 이겨낸 결과이다. 침대에서 일어나기만 해도 힘이 돌아오는 것을 느낄 수 있다. 우리는 쓰러진 자들이었으나 다시 산 자가 되었다. 노여움은 가라앉고 원한은 지워졌다. 활동이 우리의 피로를 몰아내리라.

불면이 다 나쁜 것은 아니다. 이 불모의 시간에 문장을 다듬을 수도 있고, 당신을 모욕한 사람에게 따끔하게 쏘아붙일 말이나 당신의 마음을 앗아간 사람에게 전할 불타는 고백을 생각할 수도 있고, 어떤 문제의 해결책을 찾을 수도 있다. 때로는 기적이 일어난다. 적막한 밤에 아이디어가 떠오르거나, 뇌가 정처 없이 돌아다니면서 어떤 결론이 싹트거나, 문득 생각난 단어 하나가 기막힌 추론을 끌어낸다.

하지만 은총의 순간은 흔치 않고, 비틀거리는 이성은 재와 먼지를 낳는다. 불면증 환자의 순간적으로 번득이는 창조성은 약물 혹은 디지털 세상이 안겨준 가짜 천재성만큼이나 실속이 없다. 한껏 확장된 의식을 이튿날 돌아보면 비누 거품처럼 속이 텅 비어 있기 일쑤다. 우리는 잠이 결코 부차적이지 않고 양질의 삶을 뒷받침한다는 것을, 꿈의 해독은 인류만큼이나 오래된 점술이라는 것을 알고 있다. 불면증 환자에게 일어날 수 있는 가장 황당한 일이 무엇인지 아는가? 실은 그만하면 잘 잔 셈이고 더 잘 필요도 없다는 깨달음이다.

낮잠 시간의 복권이 필요하다

그렇지만 때때로 되풀이해야 할 기적이 있다. 언제 눈을 감았는지도 모르겠는데 눈을 떠보니 시곗바늘이 한 바퀴 돌아가 있는, 어린 시절의 그 무겁고 깊은 잠이라는 기적이다. 중세 북유럽에서 깃털 이불이 탄생했고, 19세기 영국에서 최초의 스프링 매트리스가 나왔으며, 아시아에서 다다미와 요가 들어왔다. 이 모든 것이 인류의 역사를 바꿔놓은 보이지 않는 혁명들이다.

실제 수면 시간에 만족하는 것은 집에서 생활을 꾸릴 때 가장 중요한 기술이다. 회복의 잠이 있고 도피의 잠이 있다. 회복의 잠은 나이가 들수록 줄어든다. 도피의 잠은 심연 같은 잠으로, 휴식이 되지 못한다. 의학의 역사를 연구하는 이들은 수면의 기복이 현대에 나타난 이상 징후가 아니고 앙시앵레짐 때부터의 전형이었다고 지적한다.[31] 옛날에 런던 같은 도시는 새벽 3시에도 한창 바쁘게 돌아갔다.

어떤 사람들은 자는 것처럼 살고, 잠을 진정한 삶으로 여긴다. 그런 사람들은 침대를 장차 눕게 될 관의 선행으로 사고한다. 이것은 조르주 페렉Georges Perec의 소설《잠자는 남자》의 주제이기도 하다. 이 광시곡의 주인공은 잠 말고는 살아야 할 이유가 하나도 없는 대학생이다. 미래도 없고 과거도 없는 온전한 잠은 이따금 파리의 밤거리 산책으로 중단될 뿐이다. "너는 앉아 있고 단지 기다리고 싶어 한다. 더 이상 기다릴 것이 남지 않을 때까지 기다리고 싶어 한다." 밤과 낮의 구분 같은 시간 개념은 흐려지고 다른 사람들과 어울릴 일은 사라진다. 잠을 위해 잠을 잔다는 것은 궁극의 허무를 경험하는 일이다. 잠에서 깨면 다시 세상과 수천 가닥의 끈으로 연결된다. 기운차게 일어나고 식욕을 느끼면서 경쾌하게 하루를 시작하는 것이 중요하다. 잠의 세계에도 기강이 필요하다. 분주한 일과를 잠시 중단하고 뇌를 재충전하는 낮잠의 복권이 이루어져야 한다.

잠든 자들은 어디로 가는가? 그들은 꿈속에서 달리고, 기어오르고, 불륜에 빠지고, 사람을 죽인다. 그들의 감겨 있는 눈꺼풀 너머에 부적절한 욕망, 짐승 같은 모습이 없다고 누가 장담하랴? 꿈의 예언적 힘을 믿어야 할까, 무시해야 할까? 전제주의 권력은 언제나 국민의 꿈까지 지배하고 싶어 했다. 이스마일 카다레Ismail Kadare의 놀라운

✳

소설 《꿈의 궁전》은 바로 그러한 이야기를 담고 있다. 제국에는 신민의 꿈을 수집하고 분류하여 "핵심몽"을 선별하는 일을 하는 비밀 기관이 있다. 핵심몽이란 미래를 내다보는 꿈, 장차 있을 쿠데타, 전쟁, 배신을 예측하는 꿈이다. 악몽은 불길한 예감일까, 아니면 악으로부터 제국을 보호하려는 경고일까? "이 끔찍한 것들의 바다"에서 어떻게 의미심장한 단서들을 구별해낸단 말인가? 꿈에 대한 통제와 해독의 의지는 틀림없이 거대 IT 기업들의 다음 목표가 될 것이다. 우리를 더욱 바짝 추적하기 위해 방대한 꿈의 클라우드를 조직할지도 모른다.

사랑의 세계에서 잠은 상대의 감시를 피하는 속임수가 되기도 한다. 마르셀 프루스트의 《잃어버린 시간을 찾아서—간힌 여인》에는 질투심 강한 주인공이 나온다. 그는 잠든 애인을 바라보면서 그녀가 자기를 피해 도망가는 것 같다고 생각한다. 그녀는 평온하게 잠든 얼굴 너머에서 주인공을 속이고 다른 이와 정을 통할지도 모른다. 간힌 여인은 사실상 자신을 굴복시키려는 간수의 의도를 거부하고 도망치는 여인이다. "나는 안으로 무한에 다다라 있는 한 존재의 굳게 닫힌 껍데기만 건드렸다고 느꼈다." 주인공은 진귀한 피륙과 옷감의 감옥 속에 그녀를 단단히 가두기 위해 값비싼 옷들을 사주면서 선물 공세를 펼친다. 그러나 질투심은 사라지지 않고 주인공을 끈질기게도 괴롭힌다.

잠든 여인은 그녀를 바라보는 이의 뜻에 따를 것처럼 보이지만 그러한 거짓 복종은 다음번 탈주를 예고할 뿐이다. "내 눈 닿는 곳에, 내 손아귀에 두고 있으려니 그녀를 완전히 소유한 기분이 들었다. 그녀가 깨어 있을 때는 결코 느끼지 못했던 기분을." 주인공은 곤히 잠든 여인의 얼굴에서 금지된 관능, 소름 끼치도록 무서운 소망이 스쳐 지나가는 것을 보았다고 생각한다. 그 생각은 틀리지 않았다. 어느 날 아침, 여인은 도망가버리고 다시는 돌아오지 않는다.

✳

죽음은 존재를 삼켜버리지만,

잠이라는 작은 죽음은 존재를 다시 태어나게 한다.

침대와 한 몸이 되어 꼼짝도 하지 않는 사람은

아주 효율적으로 행복을 추구하는 중이다.

2부
당신의 세상은 문밖에 있습니다

모험심

조이스틱을 잡고
드러누운 모험가들

*

과거의 모험가들은 배를 타고 바다로 나갔다.
현대의 모험가들은 조이스틱을 잡거나
VR 글래스를 쓰고 드러눕는다.
실제로 신고 있는 것이 운동화든 샌들이든 실내화든,
가상현실에서 내 발을 감싸고 있는 것은
평행우주를 넘나드는 마법의 신발이다.

이 시스템 안에는 나를 닮은 타자들밖에 없다

앨버트 허시먼^{Albert Hirschman}은 공적인 것과 사적인 것의 교차를 열광과 실망의 갈마듦으로 설명했다. 국민 개개인은 공허한 소비 지상주의에 염증을 느끼고 정치 행동으로 넘어갔다가 투쟁에 염증을 느끼고 다시 사적 영역으로 물러난다. 그러다 다시 정치 참여에 나서는 식으로 왔다 갔다 한다는 것이다.[32)]

역사에는 사람들이 한껏 위축되었다가 폭발적으로 활기를 되찾은 시기가 몇 번이나 있었다. "코쿠닝^{Cocooning}"이라는 개념은 1981년에 마케팅 전문가 페이스 팝콘^{Faith Popcorn}이 처음 제시했다. "마케팅계의 노스트라다무스"라는 별명으로 통했던 인물답게 통찰력 있는 예측이었다. 코쿠닝 개념의 토대를 마련한 사람은 작가 에드워드 포스터Edward Forster다. 그는 1909년에 발표한 소설《기계는 멈춘다The Machine Stops》에서 고립된 유목민들로 구성된 인류를 상상했다. 저마다 독거 생활을 하며 기계를 통해서만 다른 사람들과 소통하는 인류의 모습을 20세기 초에 벌써 상상했던 것이다.

21세기 초에 두 가지가 변했다. "공포의, 공포에 의한, 공포를 위한 정치"가 세계 차원에서 부상했다. 특히 기후, 테러, 팬데믹을 중심으로 한 NGO들과 UN의 활약에 힘입어 전 세계적인 불안감이 조성되었다. 세계가 연결되고 진정한 코페르니쿠스적 혁명이 일어남으로써 사람들의 정신은 전 지구 차원으로 확장되었다. 그러나 이 확장의 의미는 애매하다. 인터넷은 타인을 괄호 안에 넣고, 살과 뼈를 지닌 존재가 아니라 일종의 초상처럼 보여준다. 가령, 데이트 앱들은 파트너를 구하는 사용자들이 실물보다 훨씬 잘 나온 사진을 올려서 골머리를 앓는다. 실제 사람은 더욱 불완전하고 흠 많은 존재가 되어버린다.

인터넷은 추상적 인간과 구체적 시민, 인류와 다양한 인간상 사이의 모순을 해결할 수 있다고 주장한다. 그러나 인터넷이 세상을 구원하고, 인류의 문화유산을 만인에게 전하며, 관용과 연대를 도모할 것이라는 믿음은 새로운 폐쇄성이 확인됨으로써 무참히 부서졌다. 네트워크 사용자들은 현실 세계에서와 마찬가지로 파벌, 소속 집단, 특정한 공통점에 근거해 끼리끼리 모인다. 언뜻 보기에 나라는 일개 인간이 글로벌 차원으로 확장된 것 같지만 실상은 여전히 자기 자신에게 딱 붙어서 떨어질 줄 모른다. 이 시스템 안에는 나를 닮은 타자들밖에 없다. 무게 중심은 여전히 내 안에 있고 세상은 그 주위를 돈다. 스마트폰 사용에 능숙한 "엄지 세대"(미셸 세르)는 무엇보다 "집콕 세대"이기도 하다.

이제 우리는 비밀번호, 출입 코드, 업데이트에 매여 사는 너절한 스파이가 되어버렸다. 일상의 삶은 일종의 보물찾기 놀이가 되어버렸다. 전기요금 납부, 현금 인출, 병원 예약에 왜 이리 거추장스러운 절차가 많은지. 모든 소비자는 자기도 모르는 첩보원이자 언제나 자신을 입증해야만 하는 용의자다. 입증에 실패한 사람은 알고리즘으로부터 경고를 받거나 심하게는 "강퇴"를 당한다. 팬데믹이 한창이던 때에 방역 패스 도입을 (극단적으로는 "나치 패스" 운운하면서) 반대하는 시위자들이 그렇게 많은 것을 보고 기분이 이상했다. 바로 그들이야말로 미국과 중국의 빅테크 기업들에 사생활의 세세한 부분까지 추적당할 수 있는 인스타그램, 메타, 틱톡에 자발적으로 가입해 있지 않은가. 그들은 자기도 모르는 사이에 감시 사회의 추종자가 되어버렸다.

가상세계에서는 이 세상에 존재하지 않는 곳을 여행하고 아바타를 통해 놀라운 운명을 경험할 수 있다. VR 글래스를 착용하기만 하면 모험가, 해적, 용병, 범죄자, 갱스터가 된 자신에게 완전히 몰입할 수 있다. 그렇다면 이런 문제가 대두될 수 있다. 예를 들어 메타버스에서 나의 분

✳

신 중 하나가 저지른 범죄는 누구의 잘못인가? 나 자신? 아니면 나의 다양한 인격? 이미 가상현실에서의 성폭력 피해에 대한 고소가 제기되기 시작했다. 2021년 12월에 한 사용자가 호라이즌월드$^{Horizon Worlds}$의 가상 공간에서 자신의 아바타가 성폭행을 당했다고 주장하여 문제가 되었다. 로블록스^{Roblox} 같은 플랫폼을 이용해 수많은 상상의 평행우주에 갈 수도 있다. 청소년들이 특히 열광하는 이 평행 세계에서 우리는 스스로를 연출하고 자신의 태도나 새로운 파트너를 시험해 본다.

가상현실은 브랜드들이 가장 주목하는 영역 중 하나이기도 하다. 우리는 가상 영역에서 암호화폐로 아이템을 산다. 3D 체험으로 새로운 디자인의 옷을 착용하거나 신차를 시승하고 구매를 결정하면 실제 상품이 집으로 배달된다. 발전이라면 틀림없는 발전이지만 이것이 과연 자아의 확장인가? 일상 활동의 단순한 복제는 아닌가? 영화 〈매트릭스〉가 생각난다. 영화 속에서 인류는 기계에 정복당한 노예로 전락했지만 프로그램이 보여주는 환상이 현실이고 자신에게 선택의 자유가 있다고 믿는다. 비록 이 영화의 속편들은 형이상학적 사유가 버무려진 닌자 활극이 되어버렸지만 1편만은 위대한 그노시스주의 Gnosticism 영화라고 할 수 있다. 그노시스주의는 현실적이고 일상적인 삶을 사악한 조물주가 지어낸 기만으로 보는 사조다. 상당수 종교가 그러하듯이 지상에서의 삶이 지옥이거나 속임수라고, 그러니 무슨 수를 써서라도 깨어나야 한다고 말하는 것만으로도 사람들에게 삶에 대한 혐오를 불러일으키기에는 충분하다.

과거의 모험가들은 배를 타고 바다로 나갔다. 그러나 현대의 모험가들은 조이스틱을 잡거나 VR 글래스를 쓰고 드러눕는다. 실제로 신고 있는 것이 운동화든 샌들이든 실내화든, 가상현실에서 내 발을 감싸고 있는 것은 평행우주를 넘나드는 마법의 신발이다. 위대한 모험도 편안히 누운 자세로 가능하다. 우리는 가상현실로 무엇을 배울 수 있을까? 엉덩이를 오래 붙이고 있는 법만큼은 제대로 배울 수 있을 것 같다. 사람들을 차분하게 집에만

✳

머물게 하는 "고인 물" 사회에는 "고인 물" 상태의 신체들이 필요하다. 우리의 뇌를 강탈하려는 이들에게는 참으로 잘된 일이다.

화면이 보여주는 것 대부분은 본질적으로 "눈요기"에 불과하다. 화면은 무엇을 금지하거나 명령하지 않지만 자신이 아닌 모든 것을 쓸모없게 만든다. 화면은 자기 자신을 포함한 모든 것으로부터 우리의 주의력을 앗아간다. 이러한 점에서 팬데믹 이후 문명의 상징은 로켓이나 초고층 빌딩이나 원자로가 아니라 좀 더 소박한 사물, 이를테면 전원과 인터넷 연결이 가능한 안락의자가 될 것이다. 부속 케이블이 달려 있는, 사무용 의자와 침대의 중간쯤 되는 리클라이너를 떠올려보라. 21세기의 시민이란? 시청각 보조장치를 착용하고 방에 처박혀 기분전환에 몰두하는 인간 아닐까. 그는 자신이 더 이상 경험할 수 없는 것들을 디지털 쌍둥이들을 통하여 경험할 것이다. 그리고 한없이 외로워하리라.

천국의 면적은 딱 내 방만큼이다

일본에서는 세상과 극단적으로 단절된 젊은이들, 이른바 "히키코모리引き籠もり"가 사회적 문제가 되었다. 그들은 방 밖으로 나오지 않고 밤낮없이 화면만 들여다보며 산다. 사교성이 낮고 오랫동안 햇빛을 보지 않아 낯빛이 창백하다. 밥도 방에서만 먹기 때문에 식판이나 쟁반에 차려서 문 앞에 놔줘야 한다. 그들의 중독에는 한계치가 없고 이른바 "상호작용적 고독"에 완전히 매몰되어 있다. 그들에게는 컴퓨터가 현실이고 물리적 세계는 허울뿐인 부수물이다. 화면을 들여다보기 시작하면 현실은 사라진다. 앉아서 보내는 시간이 길어지니 돌아오는 것은 비만이다. 비만은 영양 과다와 오래 앉아 있는 생활 방식이 낳은 현대의 보편적 질병이다. 로봇 같은 존재가 뉴스, 이미지, 음식을 꾸역꾸역 받아들이는 것, 이게 바로 "정보비만Infobesity"이다.

기분전환만 연속되는 사회는 포화 사회다. 우리는 쉴 새 없이 프로그램과 게임을 주입당한다. 적은 양을 천천

✳

히 먹기로 유명하고 냉장고를 꽉 채우지 않는 것을 미덕으로 삼는 프랑스인들도 팬데믹 기간에는 다른 나라 사람들과 마찬가지로 살이 쪘다. 먹고 자고 소화하기를 반복하면서 착 가라앉은 신체, 생물학적 기능으로 축소된 신체는 근육 차원에서나 생리학적 차원에서나 강직 상태에 놓인다.

20세기 말 미국에서 "카우치 포테이토^{Couch Potato}"라는 말이 나왔다. 소파에 널브러져 시선은 텔레비전에 고정한 채 입으로는 감자칩을 곁들여 쉴 새 없이 맥주나 탄산음료를 들이키는 족속을 가리키는 말이다. 텔레비전, 동영상, 비디오게임이 어린아이들을 한자리에 붙잡아놓는 "베이비시터"가 된 지 오래다. 어디 애들뿐인가, 어른도 화면만 들여다보고 동영상을 과다 섭취한다. 심지어 "흘려듣기"라는 명목으로 다른 일을 하면서도 계속 영상을 틀어놓으면서 말이다.

동영상 소비가 더 늘어난다는 것은 자율성을 점차 잃고 있다는 뜻이기도 하다. 텔레비전 드라마 같은 영상물은 일상을 말소리와 소음과 색채로 채워주는 진정제가 된다. 합성 음성으로나마 싹싹하게 말을 걸어주는 스마트 기기들은 또 어떤가. 청소기, 밥솥, 커피메이커 등 고급 가전제품은 늘 우리를 염탐하며 친한 척을 해댄다.

우리는 드넓은 디지털 세계에서 자유를 누리고 있다고 생각하지만 실상은 쓸데없이 복잡한 이미지와 줄거리로 머리만 아프고 멍하니 허공만 보고 있다. 그래도 우리의 분신은 일종의 가상 케어 센터에서 완벽한 안전을 누릴 수 있다. 전통적으로 픽션은 시대에 대한 환멸의 도피처였다. 원래 픽션은 어떤 실망을 달래주면서도 현실의 매력과 아름다움을 더욱 절감하게 한다는 점에서 역설적이었다. 소설, 영화, 연극은 우리가 결코 알 수 없을 더 많은 삶을 살게 해주었다. 가상세계가 열리면서부터는 하나뿐인 삶조차 제대로 살아내지 못하고 무슨 3D 합성물 속에서 사는 것 같다. 어떤 차이가 있기 때문일까?

가상세계는 우리가 행동하고, 훈련을 받고, 직접 전쟁에서 싸우고, 낯선 나라를 방문하고 있다는 착각을 심어

준다. 반면, 독서는 우리의 상상력만 흔들어놓을 뿐 여타의 감각을 자극하지 않는다. VR 게임을 할 때는 신체적 감각이 실제로 자극되지만 책을 읽거나 그림을 감상하거나 음악을 들을 때는 뇌에서 다른 영역이 활성화된다. 증강현실 장비를 이용할 때는 줄거리 안으로 들어가게 되지만 영화나 연극을 볼 때는 신체적으로 줄거리 밖에 위치한다. 웹이 유일한 "밖"이고 물리적 세계는 이제 잉여물 혹은 출발점에 지나지 않는다. 우리는 그 세계에 있지만 정말로 그 세계를 살지는 않는다. 우리는 어디에나 있지만 아무 데도 없다.

영화관에 가는 단순한 활동조차 이제 예전과는 다르게 느껴진다. 재미있을지 어떨지도 모르는 영화를 보겠다고 일부러 집 밖에 나가고, 모르는 사람들과 컴컴한 공간에 한참을 앉아 있는다? 스마트폰이나 태블릿에도 볼 만한 영상이 무한히 넘쳐나는데 굳이 왜? 천국의 면적은 딱 내 방만큼이다. 익명의 타인들과 함께 있는 것은 어쩔 수 없이 견뎌야 하는 일일 뿐 즐거움이 될 수 없다. 인터넷은 우리를 말 그대로 의자에 못 박아놓을 뿐 아니라 사적인 것에 무한한 우주를 차지할 만한 힘을 부여한다. 너무 견디기 힘든 현실에서 자신을 분리시키기 위한 피난처 혹은 평화로운 안식처라고 할까.

가스통 바슐라르의 말에 따르면, 우리가 체험하는 집과 우리가 꿈꾸는 집 사이에는 언제나 모종의 긴장이 있지만 그 어떤 집도—움막, 번듯한 거처, 궁전을 가리지 않고—안전과 모험을 동시에 보장할 수는 없다. 문을 열고 나가면 밖이고, 밖은 곧 미지의 위험인 동시에 짜릿한 전율이다. 한나 아렌트^{Hannah Arendt}가 "자기 자신 외에는 그 무엇에도 중심을 두지 않는 사생활의 두터운 슬픔"에 대해 언급한 적이 있다. 인터넷은 이 슬픔에 대하여 지극히 광대하지만 지극히 피상적인 극장을 제공했다. 우리는 확장되고 있다고 생각하지만 그건 착각이다. 엉덩이를 소파에 처박고 음료를 든 채 잔인하고 폭력적인 시리즈물을 보면서 밑바닥 세계를 접한다. 그렇게 가슴 졸이고 벌벌 떨다가 잠잘 시간이 되면 마음을 놓고 편안해진다.

✻

우리는 이런 식으로 경직성과 수동성이라는 이중고를 자초한다.

모두가 아는 비밀은 비밀이 아니다

이마누엘 칸트는 학교의 역할이 아이들에게 앉아 있는 법을 가르치는 것이라고 했다. 이 가르침이 학교 밖에서도, 학교를 언제 다녔던가 싶은 나이에도 너무 잘 지켜져서 문제다. 20세기 말에 활동했던 만화가들 중 장 카뷔Jean Cabut는 《르그랑 뒤뒤슈Le Grand Duduche》에, 클레르 브르테셰르Claire Bretécher는 《좌절한 사람들Les Frustrés》에 인류의 외형 변화를 풍자하였다. 애들은 등이 굽었고, 평화주의와 반투쟁주의를 지향하는 중고등학생들은 의자에 처박혀 있고, 68혁명 이후 세대인 보보족은 소파에 누워 있다. 더 이상 두 발로 서지 않는 호모 에렉투스Homo erectus의 새로운 인류학적 형태라고 할 수 있다. 이 인류학적 퇴행은 디지털 세계에서 중요한 동맹군을 얻었다.

1998년에 워싱턴에서 어느 여성이 자기가 사는 모습

을 24시간 생중계하는 인터넷 사이트를 만들었다. 그러한 일상의 노출은 이미지 세계에 처음으로 작은 파문을 일으켰다. 그러나 관음증의 정점은 뭐니 뭐니 해도 2001년 4월에 (미국 프로그램 〈빅 브라더〉를 현지화하여) 프랑스 방송사에서 제작한 리얼리티 프로그램 〈로프트 스토리Loft Story〉였다. 열한 명의 미혼 남녀를 대저택 안에서 지내게 하고 화장실을 제외한 집 안의 모든 구역에 설치된 카메라로 그들의 일거수일투족을 지켜보는 프로그램이었다. 클라이맥스는 두 출연자가 실외 수영장에서 섹스를 하는 장면이었다. 그 후로 이러한 방식은 보편화되었고 이제 인스타그램, 유튜브, 틱톡은 아침 세면에서 식사까지, 노출증이 심한 사람들이라면 애정 행각까지도 일상을 서슴없이 "라이브" 중계하기 바쁘다.

이런 유의 행동에는 과시욕도 있지만 자기 삶을 영상화하면 장편 영화 같은 일관성을 부여할 수 있을 것이라는 헛된 바람도 깔려 있다. 그로써 자신이 가슴 뛰는 모험 속에서 살고 있다는 환상을 유지할 수 있다. 아니, 땅

✱

만 파면 보물이 나오나? 걸핏하면 셀카를 찍고, 모든 것에 카메라를 들이대고, 사방 천지에 생중계를 한다. 화목한 부부의 모습을 연출하면 잘 살고 있다는 증거가 된다. 내 삶은 아주 특별한 모험처럼 느껴진다. 아침 식사, 수영 시간, 아기의 첫 이가 난 순간을 찍어서 올리고, 그때마다 수백 개의 "좋아요"가 쏟아지면 내가 세상의 주인이고 운명을 스스로 만들어가는 사람이 된 것만 같다.

옛날에는 남들의 눈을 피하기 위해 집에 틀어박혔는데 이제 자기를 더 많은 이에게 더 멋진 모습으로 보여주기 위해서 집에 숨는다. 유튜버, 인플루언서, 블로거 들은 패션이나 미용 관련 팁을 전수하고 상품을 홍보함으로써 어마어마한 돈을 벌어들인다. 나는 "나 자신의, 나 자신에 의한, 나 자신을 위한" 특별한 이야기의 주인공이다. 그러니 여러분에게 나에 대해 감탄하고 칭찬할 기회를 주겠다. 이런 생각으로 사람들은 틱톡에 클럽에서 춤을 추는 모습이나 주방에서 뭔가 만든답시고 분주하게 왔다 갔다 하는 동영상을 올리는 것이다.

동영상과 소셜네트워크가 옛날에 일기장이 하던 역할을 대신하고 있다. 원래 글쓰기에는 분별이 따르게 마련이다. 읽는 사람도 한 장 또 한 장 넘기면서 알아서 거를 것을 거른다. 그러나 카메라는 전부 찍는다. 꽉 찬 쓰레기통, 물 빠진 욕조, 무럭무럭 자라는 상추, 윙윙대는 청소기, 한없이 이어지는 수면까지도. 자기 자신에 대한 촬영은 자기를 살펴본다는 의미보다 남들의 눈에 나를 보여준다는 의미가 더 크다. 사적 영역이 말도 안 되게 커지면서 사람들은 지금까지 남들 안 보는 데서 하던 일조차 공개적으로 드러내고 있다. 가령, 부부 당사자 외에는 아무도 관심을 갖지 않을 일상의 속내 이야기, 몰라도 그만인 것들까지도.

이제 비밀은 없다고 염세주의자들은 말할 것이다. 모두가 아는 비밀은 이미 비밀이 아니다. 그러니까 진짜 비밀이 맞는지, 비밀다운 독창성이 있기는 한지 먼저 생각해봐야 한다. 우리의 맹탕 같은 삶은 수도원 냄새를 진하게 풍기지만 그 수도원은 세상과 접속 중이다. 하루, 한 주를

*

미주알고주알 보고하는 이 태도는 지금 잘 살고 있다고 확인받고 싶고 안심하고 싶은 의지의 표현일지도 모른다. 사람들은 누가 특혜를 받거나 피해를 입는 일 없이 공평하게 취급받고 뒤처지지 않기를 원한다. 인터넷은 연결된 삶들의 밀고자이기도 하다. 조심성 없는 연인들의 행동 때문에 공개되어서는 안 될 나체 사진이나 영상, 부적절한 관계가 인터넷에 까발려지는 일은 드물지 않다. 일부러 사람들이 은밀한 행위 중에 있을 때 급습해서 수치심을 극대화했다는 벨 에포크 시대의 소련 첩보원들처럼 말이다.

프란츠 카프카Franz Kafka의 단편 소설 〈굴Der Bau〉에는 자신을 노리는 사람들을 피하기 위해 두더지처럼 땅속에 굴을 파고 들어가는 한 남자가 등장한다. 카프카는 훗날 가장 내밀한 것이 가장 공개적인 것이 되는 시대가 오리라고는 꿈에도 생각지 못했을 것이다. 이제 사생활은 사람들의 동의에 따라 다수의 눈앞에 설치된 극장 무대와 같아졌고, 여기에 상호성의 원리가 적용된다. 사적인 것은 완전히 사회화되었다. 우리의 성역은 우리의 동의하에 만방에 드러났다. 페르난도 페소아Fernando Pessoa는 이렇게 말했다. "내면의 나는 이제 외면적으로만 존재합니다. 나는 살아 있는 무대요, 다양한 작품에 출연하는 수많은 배우가 그 무대를 거칩니다."

"뛰어난 인간은 누구나 요새나 피난처에 틀어박히기를 갈망한다. 그런 곳에서 비로소 군중, 대중, 숨 막히는 다수에게서 해방되었음을 느끼고 자신에게 어울리지 않는 인간의 규범을 잊을 수 있기 때문이다."[33] 프리드리히 니체가 한 말이다. 하지만 세상을 등지고 혼자 있고 싶은 욕망이 모두의 것이 될 때, 그러한 바람이 인간이라는 족속의 특징 자체가 되어버릴 때 "뛰어난 인간"은 치욕스럽게도 다수를 닮을 수는 없다는 생각에 되레 밖으로 뛰어나오지 않을까.

인생의 즐거움은 충동적 모험에서 가상 체험으로 대체될 것이요, 그러한 즐거움은 소파나 침대에서 일어나 화장실에 갈 때나 잠시 중단될 것이다. 이동이라고 해봤자

✳

주방에서 거실로 가기, 혹은 거실에서 주방으로 가기 정도이려나. 장애물도 없고 밖으로 나가는 위험을 무릅쓰지도 않는 자유는 자유의 모조품에 불과하다. 카메라 조리개가 세상이라는 대극장을 삼켜버리는 날이 오려나? 옛날에는 사생활이 밖을 필요로 했다. 당시의 사생활은 불완전했지만 그래서 좋았다. 인터넷이 떠받치는 지금의 사생활은 유아론적으로 자기 자신에게 취해 있고 애꿎은 그림자들을 진짜라고 착각한다.

슬리퍼

**리듬감 있게
걸어가는 삶이란**

*

슬리퍼 차림의 영웅, 모험가, 특파원을 상상할 수 있는가?
슬리퍼를 벗을 일 없는 삶은 구두나 스니커즈를 신고
리듬감 있게 걸어가는 삶만큼 흥미롭지는 않다.

냄비 안에 우주를 담는 삶이란

사적인 것이 힘을 얻으면서 살림의 중요성도 부상했다. 그전까지 여성이나 하인에게만 맡겼던 활동들에 남성도 차츰 손을 대기 시작했다. 공간을 쾌적하게 꾸미고, 요리를 하는 남성들이 생겨났다. 18세기만 해도 일부 "꼰대" 남성들은 살림 용품을 두고 "조잡한 물건"(장자크 루소), "약해 빠진 상품"(막시밀리앙 드 로베스피에르), "하찮고 바보 같은 사물"(애덤 스미스)이라고 깔보듯 말했다. 그로부터 한 세기 후에도 보들레르는 "도구에 집착하는 광신도들"에게 호통쳤고, 플로베르는 제2제정이 한창일 때 이렇게 외쳤다. "명주 솜 장갑, 사무용 안락의자, 레인코트, 난

방기, 인조 섬유, 가짜 사치, 가짜 교만을 소리 높여 규탄하자! 산업주의는 보기 흉한 것을 어마어마한 비율로 확대해놓았다."[34]

집에서 하는 요리는 행복이다. 편수 냄비, 양수 냄비, 궁중팬을 자유자재로 다루고 레시피에 따라 채소와 고기를 손질하는 게 얼마나 재밌는지 모른다. 껍질을 벗겨주고, 익혀주고, 한데 뒤섞어주고, 데워주면서 요리를 거들 뿐 아니라 여러분에게 말까지 거는 최신식 주방 설비를 소유하는 행복은 또 어떠한가. 남성들이 냄비 안에 우주를 담고, 지하실에서 다락방까지 말끔하게 집을 치워놓고, 침대를 정리하고, 빨래를 개는 것은 틀림없는 진보다. 이제 살림은 어머니와 아내의 전유물이 아니라 모두의 일이기 때문이다. 일부 남성은 자기들이 집안일을 해야 한다는 사실을 특권의 상실 혹은 무슨 처벌처럼 여기지만, 반대로 자기가 더 많은 일을 할 수 있게 되었다고 긍정적으로 생각하면서 재미를 붙이는 남성들도 있다. 자신의 역량을 세세한 부분까지 발휘할 수 있다니 이 얼마나 멋진 일인가.

주방 및 생활 가전제품의 발달은 여성들을 결코 해방시키지 못했지만 적어도 그녀들의 일상을 좀 더 편하게 해주었다. 보리스 비앙Boris Vian은 이미 1956년에 〈진보의 애가Complainte du progrès〉라는 노래에서 "다리미, 믹서, 닭 껍질 벗기는 기계"에 대해서 예찬하지 않았나. 조상들이 검이나 미늘창을 다루었듯이 우리는 빗자루, 대걸레, 망치를 다룬다. 집을 돌보는 것은 우리의 영혼을 돌보는 하나의 방식이다. 집에 질서가 잡힐 때 정신도 성찰하고 전진할 수 있다.

슬리퍼 차림의 영웅을 상상할 수 있는가

집에 오랜 시간을 머무를수록 잠옷 가운, 이불, 실내화가 중요해진다. 실내화란 무엇인가? 구두나 장화를 벗고 편하게 신는 신발이다. 걷고 있던 발이 실내화를 신으면 휴식을 취하는 발이 된다. 이동의 수단이 정주의 수단으로 바뀌는 순간이다. 발을 포근하게 감싸는 고치와도 같다. 발은 부드러운 양모나 펠트 속에서 영원히 아늑하게 쉬고 싶다. 팬데믹 동안에 특히 수면용 덧신과 실내용 슬리퍼 소비가 폭발적으로 늘어나 품절 사태를 빚었다는 사실은 놀랍지도 않다.[35]

슬리퍼 차림의 영웅, 모험가, 특파원을 상상할 수 있는가? 슬리퍼를 벗을 일 없는 삶은 구두나 스니커즈를 신고 리듬감 있게 걸어가는 삶만큼 흥미롭지는 않다.[36] 평소 흠모하던 대상, 가령 위대한 작가나 배우를 우연히 만났는데 그가 후줄근한 차림새에 슬리퍼를 질질 끌고 다니는 모습이었다면? 동경하던 대상의 범속함을 직시하게 되는 괴로운 경험이다. 그래서 헤겔이 남긴 유명한 말을 항상 되뇌게 된다. "자기 시종에게까지 영웅인 사람은 없다. 영웅이 진짜가 아니어서가 아니라 시종은 시종이기 때문에 어쩔 수 없다." 크록스, 가락신, 슬리퍼 차림으로 쇼핑을 하러 가는 사람들은 다들 이렇게 말한다. 잠깐 나온 거예요, 금방 집으로 들어갈 겁니다.

실내용 가운은 침대에서 일어날 때 잠깐 걸쳤다가 사

회적 복장을 갖추기 위해 다시 벗는 가벼운 옷이다. 그런데 온종일 이 가운 차림으로 지낸다는 것은 생활을 지키려는 노력을 포기하고 손쉬운 편안함을 추구하겠다는 소리 아닌가? 자유롭다는 것은 무엇보다 두 발로 곧게 서서 자신의 자세를 의식하는 일임을 잊어서는 안 된다.

실내용 가운은 언제나 상당히 인기가 있는 상품이었다. 처음에는 집 안에서 멋을 부리기 위해 걸치는 남성용 의복이었지만 차차 여성들이 추위와 신체 노출을 막기 위해 잠옷 위에 걸치는 용도로 사랑받았다. 실내용 가운에 얽힌 문학적 일화를 하나 소개한다. 드니 디드로[Denis Diderot]는 1747년부터 1765년까지 《백과전서[Encyclopédie]》를 집필하면서 파란색 실내용 가운을 애용했다. 하지만 이름난 살롱의 운영자이자 계몽주의자들의 후원자였던 조프랭[Geoffrin] 부인이 디드로가 없을 때 그의 집을 새로 칠하고 낡은 세간을 바꿔주면서 그 낡아 빠진 가운을 버리고 고급스러운 비단 가운을 사놓았다. 디드로는 마지못해 새 가운을 입긴 했지만 너절해진 헌 가운을 아쉬워하면서 그 옷이 온갖 놀라운 효과를 발휘했다고 회상했다. 그 가운만 입으면 어디를 가든 자기 집 같았다나.

왜 그 가운을 남겨놓지 않았을까? 그건 나를 위해 만들어진 옷이고 난 그 가운을 입기 위해 태어났다. 내 몸 구석구석까지 불편함이라고는 하나 없이 잘 맞는 옷이었다. 그걸 입으면 내가 훨씬 봐줄 만하게 느껴졌다. 다른 가운은 뻣뻣하니 사람을 부자연스럽게 만든다. (…) 책에 먼지가 쌓였다 싶으면 그 가운 자락으로 쓱 닦곤 했다. 펜 끝에 잉크가 뻑뻑하게 뭉쳐서 잘 나오지 않을 때도 그 가운은 자기를 내어주었다. 옷자락에 길게 난 시커먼 줄무늬들은 그 가운이 내게 얼마나 자주 요긴했는지를 보여주는 증거다. (…) 그 줄무늬들은 문학을, 작업하는 인간을 예고했다. 이제 나는 돈 많은 백수가 된 기분이 든다. 내가 어떤 사람인지 누가 알 수 있겠는가. (…) 나의 낡은 실내용 가운은 내가 지닌 다른 너절한 옷이나 물건과 아주 잘 어울렸다. 이제 조화가 어긋나버렸다. 한데 어우러지는 느낌, 통일성,

아름다움을 찾아볼 수 없게 되었다.[37]

디드로는 사치품의 난입을 안타까워한다. 어설픈 풍요가 낡은 밀짚 의자, 나무 탁자, 전나무 바닥재로 이루어진 그 집의 일체감을 망쳐버렸다. 디드로의 가운은 실내복이자 일종의 작업 도구였다. 글쓰기의 장인이 걸치는 작업복, 작가의 손만큼이나 잉크로 얼룩지는 것이 마땅한 옷이었다. 그것은 과거의 육신, 지금보다 조금 더 젊고 역동적이었던 디드로의 신체를 덮어주었던 옷이다.

디드로는 예술가를 신성시하지 않았고 허세를 부리거나 격식을 차리는 법 없는 소박한 모습을 보여주었다. 작가는 그렇게까지 특별한 사람이 아니다. 디드로의 가운은 루이세바스티앵 메르시에Louis-Sébastien Mercier(오늘날에는 거의 잊힌, 광적인 필력을 보여준 계몽주의 시대 작가)의 《수면 모자Bonnet de nuit》, 혹은 셜록 홈스의 인버네스 코트, 오블로모프의 실내화, 낭만주의 시인이나 저주받은 예술가의 가슴 장식, 애스콧 칼라 셔츠, 연미복에 대적한다. 이런 것들은 어른이 세상에 적응하기 위해 필요로 하는 "애착 인형" 역할을 한다. 위니콧 박사가 말한 바 있는 이행 대상^Transitional Object (아동심리학자 도널드 위니콧이 제안한 개념으로, 유아가 어머니에게서 정신적으로 분리되는 과정에서 일시적으로 어머니를 대신하는 애착 사물이나 상상 친구를 가리킨다―옮긴이)이다.

현대의 디드로는 트레이닝복이나 반바지 차림으로 글을 쓴다. 적어도 디드로의 시대에는 잠옷 페티시즘 때문에 멀리 여행을 못 가는 일은 없었다. 디드로만 해도 모스크바까지 예카테리나 2세를 만나러 갔고, 드넓은 세계를 낙관론과 왕성한 호기심으로 포용할 수 있었다. 그러한 낙관론과 호기심이 지금의 우리에겐 없다. 좀 더 가까운 시대의 예를 들자면, 2차 세계대전 당시 윈스턴 처칠은 침대에서 "기벽과 위엄으로" 영국을 이끌었다.[38] 붉은색과 금색 배색으로 중국의 고관 분위기를 풍겼던 처칠의 잠옷은 나치의 야만에 대적하는 영국 총리의 상징이 되었다.

✳

잠옷 차림으로 빵을 사러 가다니

"인류의 수평적 역사"라는 표현이 있다.[39] 언젠가는 인류의 앉은 자세, 긴 의자나 안락의자의 곡선에 달라붙은 채 축 늘어진 신체를 중심으로 역사를 서술하는 날이 올지도 모른다. 오늘날의 인류는 누운 자세와 직립 자세의 중간을 취한 채 의자에서 쇠약해지고 있다.

전통적으로 출근을 하거나 산책을 하러 나갈 때는 옷매무새를 살피고 준비를 하게 마련이다. 레비나스의 말에 따르면 "가장 까다로운 사회관계는 형식을 따라 이루어진다." 집에서의 모습으로 어느 곳에나 간다면 단정치 못한 사람, 다른 사람들에게 맞춰주기를 거부하는 사람이 된다. 그렇지만 이는 동시에 경계를 풀고 남들의 판단에 신경 쓰지 않고 자기 본연의 모습을 보이는 것이기도 하다. 맥도널드의 광고 문구 "있는 그대로의 모습으로 오라Come as you are"는 있는 그대로의 나, 가식 없는 나의 모습을 강조한다. 집에서 나온다는 것은 어떤 의미로든 자기 자신에게서 나온다는 것, 다시 말해 차려입고 타인을 의식하기 시작한다는 것이다.

작가이자 저널리스트 카멜 다우드Kamel Daoud는 레몽 드 파르동Raymond Depardon 감독과 함께 고국 알제리에 관해 쓴 르포르타주 연재에서 "모두가 잠옷에 슬리퍼 차림으로 돌아다니고 그 너머로는 나아가지 않는 닫힌 나라"라는 표현을 썼다.[40] 독재 권력은 국민을 정치에 무관심하고, 넓은 세계를 넘보지 않으며, 옷을 차려입지 않는 것조차 익숙하게 만들어버린다.

그러나 민주주의 사회도 병이 들면 부주의하고 소홀한 태도가 당연해진다. 그게 왜 문제냐고? 팬데믹 이후로 사적인 것이 공적 영역을 침범하고, 다들 남들에게 어떻게 보이든 개의치 않고 때로는 복장 규율까지 무시한 채 반바지와 티셔츠 차림으로 아무 데나 출몰한다. 잠잘 때 입었던 옷을 그대로 입고 일요일 아침에 빵을 사러 나오는 사람들을 일주일에 한 번꼴로 본다. 알다시피, 트레이닝복은 오랫동안 소파에 누워 맥주와 땅콩을 곁들인 채 축구나 럭비 중계를 보곤 하던 팬들의 유니폼이었다.

*

그건 운동장에서 직접 경기를 뛰는 선수들을 조금이라도 닮고 싶다는 심리의 발로였다. 그렇지만 편안함이 아무리 좋다고 해도 하염없이 늘어지고 물렁하기만 해서는 문명을 발전시킬 수가 없다. 향후 몇 년 안에 느슨함에 대한 반동으로 형식주의가 다시 살아나고 댄디즘이 폭발적으로 분출할지도 모른다. 전반적인 해이함을 쇄신하기 위해서라도 옷에 힘을 주려는 움직임이 나타날지 누가 알겠는가.

일기예보

날씨와
마음의 상관관계

✱

일기예보에 옛날처럼 유쾌한 분위기는 용납되지 않는다.
우리를 싣고서 신음하는 이 작은 우주선은
더 이상 지구에 우리의 자리가 없다는 증거다.
아무 걱정 없던 호시절은 갔다. 복된 날들은 지나갔다.

날씨가 우리 기분에 미치는 영향

앙리 프레데릭 아미엘은 장자크 루소와 멘 드 비랑^{Maine} ^{de Biran} 이후 다가올 시대의 전조를 보여줬다 해도 과언이 아니다. 바로 날씨가 우리의 기분이 미치는 영향이다. 아미엘 전에는 고대인들, 그리고 샤를 몽테스키외^{Charles} ^{Montesquieu}가 정치 체제에 날씨가 미치는 영향을 연구한 적이 있다. 아미엘은 마치 자기 기분을 파악하려면 날씨를 알아야 한다는 듯이 매일 일기를 시작하면서 날씨를 꼬박꼬박 기록함으로써 이 상관관계를 체계화했다. "흐린 날, 지독한 더위는 벌써 꺾였다.""흐리고 추운 날, 햇빛 없고 애정 없음. 감히 여인에게 손을 내밀고 '신에게 운을 맡기고 나와 맹세로 맺어진 채 같은 길을 걸어가시겠습니까?'라고 말할 수 없는 사내의 환멸 어린 삶에 걸맞은 날씨." "팽팽한 회색 하늘, 미묘한 색조의 차이가 군데군데 나타남. 지평선 산등성이에 걸린 안개. 우수에 젖은 자연. 치유할 수 없는 슬픔의 눈물에 떨어진 젊은 날의 마지막 환상처럼 낙엽이 사방에 떨어져 있다. (…) 전나무만이 이 폐병 천지에 홀로 위풍당당하고 의연하게 초록을 뽐낸다." 혹은 이런 식이다. "아름다운 햇살이 방에 넘쳐흐른다. 자연은 축제 중. 가을이 미소 짓는다. 나는 이 계절의 접근에 내가 할 수 있는 대로 화답한다."[41]

날씨는 두 가지 길을 따른다. 우리의 기분을 거스르든가 우리의 기분에 장단을 맞추든가. 우리를 외출하게 만들거나 여행을 떠날 마음을 접게 만든다. 18세기에서 19세기로 넘어가는 시점에 탄생한 기상학은 농업 혹은 어업과 관련한 예측의 과학이자 사생활, 다시 말해 기분의 과학이기도 하다. 기분이라는 게 무엇인가? 변화무쌍한 자연을 마주하게 하는 세상과 우리 사이의 관계 아닌가? 기

✳

상학은 인간에게 기온의 사소한 변화, 하늘의 색조에 적응시키면서 다양성을 가르친다. 특별한 사건은 일어나지 않을지라도 적어도 비가 온다든가 바람이 분다든가 햇빛이 쨍하게 비친다든가 하는 일은 일어난다.

모든 풍경은 영혼의 상태이다

날씨는 우리 모두에게 영향을 미치는 최소한의 모험이다. 날씨의 매력은 만화경과도 같은 불규칙성과 가변성에 있다. 날씨는 우리의 감성을 날카롭게 벼려준다. 살아 있다는 의식은 더위에서 추위로 넘어가는 계절의 변화만으로도 충분히 느낄 수 있다. 고대 그리스인들의 "코스모스" 개념, 자연의 원소들과 사람의 마음 사이의 연대, 더 큰 전체의 일부라는 소속감을 원하기 때문에 더욱 그리움에 젖어 교감을 추구한다.

그러나 21세기 초부터 이 연대에 금이 가버렸다. 지금 시대는 기후론에서 이상기후론으로 넘어가는 중이다. 18세기 백과전서파는 지리학적 기후결정론이라고 부를 만한 이론을 설계했다. 백과전서파는 더운 지방 사람들은 성품이 유하여 느긋한 반면, 추운 지방 사람들의 뻣뻣한 성격은 노동과 엄격한 도덕성에 걸맞다고 보았다. 이제 날씨는 인간의 일그러진 무절제가 저질러놓은 결과가 되었다. 인간과 자연, 소우주와 대우주 사이의 동질적 관계는 깨졌다. 기상학은 영혼의 측정계가 아니라 인간의 비이성을 나타내는 지표가 되었다. 경계경보, 아니 위험경보의 학문이 되었다. 해가 나오든 비가 퍼붓든, 날씨는 언제나 가차 없이 다가오는 위험을 두드러지게 한다.

1950년대 이후 기상학은 선진국들에서 즐거움의 상징과도 같았다. 여름은 우리를 바닷가로 데려갔고 겨울은 눈을 만끽하게 해주었다. 그러나 이제 기상 캐스터들의 미소 뒤에 위험이 도사리고 있다. 만년설이 녹아내리고, 알래스카와 그린란드에서 한여름 최고 기온이 갱신되고, 극지방의 추위와 미국 텍사스의 눈폭풍 등 기후 이상이 인간의 혼란을 반영하고 있다. 세상은 궤도에서 이탈했다. 루소 이후로 기상학적 감수성을 가장 잘 보여준 작가였던 아미엘의 이 유명한 말이 떠오른다. "모든 풍경은 영혼의 상태다." 이제 우리의 영혼은 떨어져 나갔다.

헤겔은 날씨를 읽는 것이 아침 기도라고 했다. 뉴스의 일기예보는 아침과 저녁의 기도가 된다. 대부분의 나라에서 일기예보는 젊은 여성 기상 캐스터가 진행하는데, 얼굴 표정으로 좋은 소식 혹은 나쁜 소식을 나타낸다. 살짝 찌푸린 얼굴은 흐린 날씨 혹은 비 소식을 예고한다. 환하게 미소를 지으면 따뜻하고 맑은 날이 온다. 추위와 폭우가 연일 이어질 때는 기상 캐스터가 나쁜 소식의 전령이 되어 괜히 미움을 산다. 어떤 상황에서든 일기예보는 진지한 예측과 배려를 요구한다. 눈이 내리는 날에는 옷을 따뜻하게 껴입으라든가, 비가 오면 우산을 챙기라든가. 이제 일기예보에서 옛날처럼 유쾌한 분위기는 용납되지 않는다. 기후는 전쟁이고, 기후에 신경 쓰지 않는 자들은 잠재적 범죄자가 된다. 어떤 예보든 심각한 어조로 전달하지 않으면 무책임해 보인다.

일기예보 시간마다 경종이 울린다. 과거에는 태풍이나

자연재해가 일시적이거나 예외적인 상황이었다. 지금은 계절이 거꾸로 가는 것 같다. 그리스에서는 전례 없는 눈폭풍이 몰아쳤고, 캘리포니아는 2월에 섭씨 30도에 달하는 "겨울 폭염"을 기록했다. 기상학자들은 이러한 현상을 "딜라이트메어Delightmare(달콤한 악몽)"라고 부른다. 여름휴가에 함께하는 태양은 살인적 폭염을 감추고 있다. 구름 한 점 없는 맑은 하늘은 눈속임일 뿐 화재, 폭풍우, 침수 피해를 낳을지 모르는 기후 폭탄을 떠안고 있다. 어디에 살든 이제 그 누구도 안전하지 않다.

날씨는 세상의 살갗이요, 아침에 일어났을 때 가장 먼저 걸치는 옷과도 같다. 그래서 이상기후의 시대에 사는 우리는 기분을 망칠 위험에 늘 노출되어 있다. 인간의 신경계는 대기의 미묘한 차이를 감지한다. 구름이나 안개의 미세한 밀도 차이가 극적인 기분 변화를 불러올 수도 있다. 1980년대에 새로 등장한 "계절성 우울증Seasonal Affective Disorder, SAD"은 미국정신의학회American Psychiatric Association 가 계절성 동반을 특징으로 분류하고 있다.

홍수, 화산 분출, 지진의 원인이 신들의 분노와 무관하다는 생각을 기상학이 보편화하기까지 족히 몇 세기가 걸렸다.[42] 우주의 거대한 몸이 인간의 신체를 감싸고 전율, 한숨, 격동 속으로 우리를 끌어들인다. 그런데 그 거대한 몸이 병들었다. 조상들이 찾아낸 균형을 현대 문명이 박살냈으니, 자연은 우리의 방만함에 복수할 것이다. 이상기후의 메시지는 다음과 같다. 될 수 있는 한 집에 있어라. 공연히 싸돌아다니면서 인류의 탄소 배출에 일조하지 마라. 일정 반경 이상으로는 벗어나지 마라.

혁명의 시대에서 재앙의 시대로

요동치는 하늘은 언제나 개인적 비극처럼 해석되었다. 그러나 이상기후는 인류 전체의 비극이다. 인류는 저주받았고 이미 카운트다운은 시작되었다. "환경 불안증"에 시달리는 젊은 세대의 불행은 죽어가는 지구의 발작적 경련과 직결되어 있다. 우리를 신고서 신음하는 이 작은 우주선은 더 이상 지구에 우리의 자리가 없다는 증거다.

인류는 자신의 집을 파괴했다. 자기 자신을 파괴했다. 이미 20세기에 철학자 귄터 안데르스Günther Anders는 인류가 혁명의 시대에서 재앙의 시대로 넘어왔다고 말했다. 아무 걱정 없던 호시절은 갔다. 복된 날들은 지나갔다.

고대의 의식은 공격적 충동을 몰아내는 카타르시스를 제공했다. 오늘날의 세속 의례는 고대 의식과는 정반대로 현 상태를 극적으로 부풀리고 재앙에 대한 공포를 자극함으로써 불안을 자아내는 기능을 한다. 기후 혼란이 극심해지고 있는 이 시점에 우리는 역경으로부터 지혜를 얻을 수 있을 것인가?

기후 재앙은 사실 그렇게까지 새로운 현상이 아니다. 과거에는 그러한 현상을 신들의 분노 때문이라고 생각했을 뿐이다. 현대의 우리는 기후 재앙의 원인을 안다. 그 원인은 인간의 미친 짓거리다. 지구온난화는 모든 문제에 답을 주는 만능열쇠다. 지구온난화로 폭풍우, 폭동, 기근, 테러를 설명할 수 있다. 마치 매사에 신을 들먹이듯 지구온난화는 모든 주제에 끌어다 쓸 수 있다는 특성이 있다.

기상학은 학문인 동시에 가이아가 인간에게 전하는 일상의 설교, 훈계, 경고다. 가이아는 끔찍한 재앙으로 우리의 방종에 벌을 내린다. 인정사정없는 복수의 여신은 암울한 기상학적 예측을 통하여 인류가 저지른 죄의 대가를 우리 한 사람 한 사람에게 물을 것이다.

산업사회의 방종은 사이클론, 전염병, 쓰나미, 태풍이라는 결과를 낳았다. 기상학은 평범한 일상 안에 가이아의 분노와 복수를 감춘다. 문제는 우리가 과연 절약과 변화를 통해 지구온난화로 가는 길에서 벗어날 수 있느냐다. 이것이 인류세人類世의 요청이다. 가까운 시일 안에 탄소중립에 도달할 수 있다고 하더라도 마음대로 눈과 비를 오게 할 수도 없는데 어떻게 지구를 통제할 수 있단 말인가? 정치적 환경주의에는 여전히 속죄와 과대망상이 결합된 일종의 프로메테우스적 세계관이 있다. 우리의 이러한 성향을 당장 손바닥 뒤집듯 바꾸지는 못할 것이다. 인간의 전능을 과대평가하는 경향은 아포칼립스의 투사들에게 더 큰 분노와 절망을 불러일으킬 것이다.

에로스

**관능이
몰락한 시대**

*

섹스의 포기라는 새로운 현상은 타인에 대한 알레르기의 징후다.
진짜 비극은 어느 날 사랑하고 욕망하기를 멈추는 것이다.
리비도의 반대는 금욕이 아니라 삶의 피로다.

타인의 숨결이 공포가 될 때

에이즈는 바이러스 감염을 피하려면 스스로 자신을 보호해야 한다는 중대한 원칙을 끌어냈다. 아직 타액이 저주를 받기 전이었다. 침은 복된 체액이었고, 침이 섞인다는 것은 몸을 섞는다는 의미였다. 콘돔을 사용하면 감염 없이 섹스를 할 수 있었다. 그러한 기본적 예방 조치가 많은 세대를 구원했다. 하지만 코로나19 바이러스는 그렇지 않았다. 공기 중에 떠다니는 이 바이러스는 어디에 어떻게 안착할지 모른다. 길에서 거친 숨을 몰아쉬며 조깅을 하는 사람과 스치거나 마트에서 우연히 옆에 서 있던 사람이 기침을 해대는 바람에 치명적인 바이러스에 감염될 수도 있는 것이다. 그렇게 저주가 시작됐다.

고대 그리스인들에게 생명을 불어넣는 신성한 숨이자 시원적 호흡이었던 "프네우마^{pneuma}"는 그리스도교에서 "성령"이 되었다. 그런데 이제는 호흡이 잠재적으로 죽음의 초대장이 되었다. 축축하고 뜨거운 입김이 사람을 죽일 수도 있다. 과거에는 타인의 숨을 들이마시는 것이 짜릿한 경험이었건만 이제 무시무시한 판결이 되었다. 타오르던 정열이 확 식을 만하지 않은가?

팬데믹의 시험은 우리가 얼마나 아무것도 모른 채 행복했는지, 이전의 일상이 얼마나 특별한 것이었는지 알려주었다. 이제 목구멍이 조금만 따끔해도, 콧물이 살짝만 나도, 더럭 겁이 나고 생각이 많아진다. 이거 혹시 심각한 거 아냐? 행여 요란하게 기침을 하는 사람이 가까이 있으면 만사 제쳐놓고 멀리 피한다. 앞으로 우리는 로제 바딤$^{Roger Vadim}$ 감독의 1968년작 〈바르바렐라^{Barbarella}〉에서처럼 살갗을 부딪치지 않고 화면을 통해서 희열을 거두게 될까? 이 엉터리 영화에서 제인 폰다가 연기한 주인

✳

공은 손가락 끝으로만 파트너와 사랑을 나눈다.

공공장소는 이제 인간적 소통과 교환의 장소가 아니라 의심의 장소가 되었다. 코로나19 바이러스는 피해망상과 건강염려증이라는 현대인의 2대 공포증을 되살려냈다. 전자는 타자에 대한 두려움이고, 후자는 자기 자신에 대한 두려움, 즉 우리의 신체에 죽음을 부르는 세균이나 질병이 숨어 있다는 믿음이다.

서로 끌어안지 않는 삶에 무슨 가치가 있는가

어떤 문화권은 접촉에 대한 조심성을 수월하게 받아들였다. 가령, 아시아 문화권에서는 손을 모으고 고개를 숙이는 인사를 한다. 아시아인들은 다수의 삶을 본능적으로 배운다. 수천만 명이 어우러져 사는 법 말이다. 사람들 사이를 흐르는 강물의 깊고 낮음은 다 의미가 있고 논리가 있으며 자못 섬세하기까지 하다. 북미 문화권의 인사법도 접촉을 피하기에는 수월하다. 상대는 나와 대화를 나누고 싶어서가 아니라 그냥 제자리에 있으라는 신호로 방긋 미소를 짓는다. 응, 나도 너 봤어. 너도 그냥 내가 여기 있구나 생각하고 너 갈 길 가면 돼.

북미에서도 프랑스인이랍시고 타인에게 뺨을 맞대고 입으로 쪽 소리를 내는 인사를 한다 치자. 그러면 상대는 마치 두꺼비 혓바닥이라도 닿은 듯 거북해할 것이다. 이 제 "허그hug"는 열정적으로 껴안는 것이 아니라 배를 집 어넣고 서로 거리를 둔 채 가볍게 스치듯 나누는 몸짓이 다. 프랑스식 비즈bise는 사실상 사라져가는 중이다. 타인 의 축축한 입김이 뺨에 닿는 게 싫은 사람에게는 얼마나 다행스러운 일인가. 비즈는 유네스코 유산 목록에 등재 되지 못한 보물처럼 가족 간에 혹은 가까운 친구 사이에 만 남을 것이다.

서로 건드리지 않는 삶, 끌어안지 않는 삶이 무슨 가 치가 있나? 도시의 예술은 무엇보다 자신을 구경거리로 내놓고 타인들이 제공하는 구경거리를 감상하는 것이 다. 시선을 받고 평가당하는 것이야말로 공적인 삶의 본 질적 부분이다. 카페테라스에서 지나가는 사람들을 구

✱

경하는 것만큼 즐거운 소일거리도 없다. 모든 인종, 성별, 연령이 모이는 광대한 무대 위에서 언제나 비슷하면서도 다른 연극이 펼쳐진다. 그 연극의 에너지가 우리를 매혹하기도 하고 진 빠지게 하기도 한다. 앞으로도 무슨 위험이 불거질 때마다 마스크와 장갑을 착용해야 한다면 이러한 도시의 몽환극은 어떻게 되겠는가? 도시가 온통 얼굴 없는 사람들로 가득 찬 형편없는 의학 드라마 한 편이 탄생할지도 모른다.

진짜 비극은 사랑하고 욕망하기를 멈추는 것이다

1960년대에는 전쟁이 아니라 사랑을 나누자고들 했다. 지금은 사랑을 나누는 일이 만인에 대한 만인의 투쟁 상태를 부른다. 살을 부대끼는 접촉에서 희열이 솟아오를 수 있다는 생각은 이제 한물갔다. 지금 시대는 관능이 혼란에 빠졌다기보다 그냥 관능이 깔끔하게 몰락해버렸다고 봐야 한다.[43] 이제 자발적으로 비섹스를 고수하는 여성과 남성이라는, 전에 없던 인간 유형이 급증하는 것을 보게 되리라. 그들은 비섹스주의자이며, 성관계에 대한 능동적 회피에 찬동하는 투사들이다. 하얗게 불태우기를 원했던 성 혁명이 이리도 희한하게 전개되다니. 현대인은 관능의 경이에 대한 지능을 잃어가고 있다. 에로스는 분리된 것을 이어주는 생명의 힘이고, 우리 모두가 구사하는 보편 언어이며, 절차를 생략하고 서로에게 몸을 던지는 전격적 사고다.

남성과 여성 사이의 관계는 나아지지 않고 복잡해지기만 했다. 서로를 무시한다고 해서 평정심이 생기지는 않는다. 업무 차별, 해부학적 차이, 직업적 불평등은 평화로운 화합을 자꾸만 방해한다. 그럼에도 서로 양보하고 법을 마련함으로써, 남성과 여성은 몇 가지 공화주의 원칙을 중심으로 조화롭게 살아갈 수 있을지도 모른다.

이성異性은 언제까지나 완전히 파악할 수는 없는 존재, 생각만큼 다르지 않지만 비슷하지도 않은 존재, 경이로움과 두려움의 원천으로 남을 것이다. 과거의 남녀 관계는 반박당하기도 하고 확증되기도 하면서 서로에 대한

✳

끌림과 적의를 쌓아나갔다. 성별 간의 불화를 완벽히 매듭지을 수는 없겠지만 양극단의 광신자들, 영원한 교전 상태를 피하는 것은 우리 하기 나름이다. 소통의 어려움과 불편함을 무릅쓰고라도 온 힘을 다해 사랑 넘치는 박애의 분위기를 지키기 위해 노력해야 한다.

섹스의 포기라는 새로운 현상은 타인에 대한 알레르기의 징후다. 진짜 비극은 어느 날 사랑하고 욕망하기를 멈추는 것, 그리하여 우리를 다시 삶에 붙잡아놓는 마법의 이중적 원천이 고갈되는 것이다. 리비도의 반대는 금욕이 아니라 삶의 피로다.

탈주

내 방을 여행하는 법

＊

방은 보물 목록을 마련해준다.
각각의 오브제, 세간이 몽상과 명상의 주제가 된다.
지극히 불행한 존재도 홀로 있을 수 있는 공간만 있다면
독서, 상상, 꿈으로 도피해서
스스로 불행해지거나 위축되지 않을 수 있다.

열정 죽이기에만 열정을 불태운 반항아들

　낭만주의 정서와 엘리트들의 보수성에 저항하여 일어
난 19세기의 문학 사조 역시 우리를 낙담케 하는 온갖
병폐 중 하나로 꼽을 수 있다. 프랑스 대혁명 이후 유럽
은 두 진영으로 갈렸다. 한쪽에는 열심히 일하고 타산적
논리를 따르며 재물의 축적에 힘쓰는 상인, 기업가가 있
었다. 그리고 다른 한쪽에는 반항아들이 있었는데, 이들
은 다시 자유분방한 예술가들과 혁명가들로 나뉘었다.
반항아들은 새로운 자본주의 질서에 저항하고 부르주아
들의 범속함과 숨 막히는 규율에 넌더리를 냈다. 반항아
중에서도 무정부주의자, 공화주의자, 사회주의자는 정치

차원에서 저항했고, 예술가 혹은 그 지망생은 미학 차원에서 저항했다. 그런데 이 양자 구도에서 비록 소수이지만 제3의 진영이 등장했다. 삶에서 탈주한 자들의 진영이 바로 그것이다. 이 비주류들은 열심히 일하지 않았지만, 열심히 저항하지도 않았다. 이들은 시대에 반발하여 각자 나름의 방식대로 "인생 파업"에 들어갔다.

자본주의적 착취의 눈속임이라는 비판을 받았던 낭만주의는 1830년부터 좌익화되었지만, 제3의 진영은 어느 쪽으로도 기울지 않았다. 탈주자들은 부르주아와 안티부르주아 모두를 거부했다. 혁명의 격동 속에서 태어난 이 반항아들은 미래를 싹 틔우기는커녕 말려죽이고자 했다. 그들은 신조나 학파를 수립하지 않고 그저 작품을 통해 드러나는 하나의 경향을 형성했다. 이 경향은 그자비에 드 메스트르Xavier de Maistre에서 표도르 도스토옙스키, 장폴 사르트르Jean Paul Sartre, 사뮈엘 베케트Samuel Beckett, 프란츠 카프카를 거쳐 조르주 페렉Georges Perec에 이르기까지 200년 이상 이어졌다(단, 여기 언급한 작가 중 그 누구도 이 경향

＊

하나만으로 설명되지 않는다). 그들은 열정을 죽이는 데만 열정을 불태웠고, 의욕을 짓누르는 데만 의욕을 보였다. 현대를 살아가는 소시민의 평범함이 그들에겐 너무 발작적이고 번잡스러워 보였다. 탈주자들은 절대적 고요를 열망했다. 현대 세계의 광기에 대한 해독제를 마련하되, 뭔가를 요란하게 선포하거나 시위하지 않고 그저 소원하는 의지로 해냈다. 그들은 무위의 진실성에, 부동성의 위대함에, "저공의 삶"(미셸 우엘베크)에 주안점을 두었다.

아무 일도 일어나지 않는 하루

프랑스 문학사에서 처음으로 실내 생활을 찬양한 작품으로는 그자비에 드 메스트르의 《내 방 여행하는 법》을 꼽을 수 있다. 드 메스트르는 영웅의 정복이나 순례 이야기에 역행하여 이 책을 썼다. 이 작가는 반^{反}루소형 인간이다. 루소는 유럽의 상당 지역을 걸어서 돌아다녔던, 지칠 줄 모르는 산책가였다. 반면 드 메스트르는 피에몬테의 어느 장교와 결투를 벌인 끝에 재판을 받고 토리노에서 가택 연금 생활을 했다. 하인 한 명만 거느리고 호화로운 방에서 지내던 그는 침대와 장롱, 반려견 로진과 하인 조아네티, 풍부한 장서, 벽에 걸린 판화 등 자기 방의 온갖 매력을 42개 장에 걸쳐 설명한다. 그의 방이 이 책의 진짜 주인공이다. 방은 작가에게 보물 목록을 마련해준다. 각각의 오브제, 세간이 몽상과 명상의 주제가 된다(빅토르 위고도 자기 방에서 영감을 받아《사형수 최후의 날》을 썼다). 드 메스트르의 움직이지 않는 여행은 프랑스 대혁명이 일으킨 역사의 트라우마에 대한 반작용이었다.

조반니 보카치오^{Giovanni Boccaccio}의《데카메론》은 1348년에 피렌체에 창궐한 흑사병을 피해 시골로 내려간 젊은 이들의 외설적인 연애담 100편으로 이루어진 작품이다. 드 메스트르는《데카메론》이 그랬듯 세상의 추악함을 피할 수 있는 복된 유폐를 찬양한다. 그는 지극히 불행한 존재도 홀로 있을 수 있는 공간만 있다면 독서, 상상, 꿈으로 도피해서 스스로 불행해지거나 위축되지 않을 수 있다고 했다. 방구석 여행의 장점은 비용이 들지 않고 아무 위험이 따르지 않는다는 것이기 때문에 돈 없는 자는 물론이거니와 겁쟁이와 게으름뱅이에게도 적격이다. "모든 게으름뱅이가 일제히 일어나기를." 하지만 그들은 아무 데도 가지 않아도 된다.

"따뜻한 불, 책, 펜. 권태에 맞설 수단이 이보다 더 좋을 수 있으랴. 책과 펜을 잠시 잊고 불을 쑤셔 일으키고 달콤한 명상에 빠지거나 친구들을 즐겁게 해주기 위해 운율을 다듬는 기쁨은 또 어떠한가. 그럴 때 시간은 서글픈 흐름을 느끼게 하지 않고 그저 당신 위로 미끄러져 영원 속으로 조용히 빠져든다."[44] 드 메스트르는 아늑한 침대 속에서 깊은 생각에 빠지고 그의 정신은 가장 진기한 고장으로 여행을 떠난다.

방은 실제로 일어나지 않을 다채로운 잠재적 이동의 출발점이다. 드 메스트르는 하인의 헌신과 반려견의 충직성에 눈물을 흘린다. 우아한 후작 부인의 초상화를 관조하면서 영혼 차원에서, "한순간에 1억 리를 넘나드는" 여행을 한다. 정신 차원에서는 플라톤 같은 고대 그리스의 인물들과 대화를 나눈다. 책 전체를 관통하는 유머에도 불구하고 이 방구석 여행담은 자기 패러디처럼 흘러가고, 인위적 황홀감과 부자연스러운 놀라움을 끌어낸다. 유폐의 찬가를 뚫고 도피의 노스탤지어가 삐져나온다. 드 메스트르는 불운을 선량한 마음으로 막으려 한다.[45] 그는 로런스 스턴Laurence Sterne의 《풍류기행A Sentimental Journey Through France and Italy》에서 영감을 받아 이 책을 씀으로써 자전적 내면 고찰이라는 문학 경향에 초석을 놓았다. 이후 이 반어적인 책은 수많은 패러디를 낳았고, 1798년에는 《내 주머니 속 여행Un voyage dans ma poche》이라는 책까지 나왔다.

역사가 심하게 요동칠 때는 아주 세세한 부분까지 통제할 수 있는 공간으로 도피하고 싶은 유혹이 크기 마련이다. 세상이 불안한 사람은 자신을 바위 탑 위의 고행자 혹은 호화 생활을 즐기는 은둔자라고 상상한다. 그는 드 메스트르처럼 자기 방이야말로 "세상 모든 좋은 것과 풍요를 담아낸 복된 고장"이라고 외친다. 옛날의 유형수

＊

들은 살아 있는 내내 감옥을 끌고 다녔다. 심지어 석방된 후에도 감옥은 그들의 일상에 배어있었고 살갗에 착 달라붙어 떨어지지 않았다. 그들은 먼 훗날까지도 감옥을 에덴동산처럼 기억했다. 자기가 만났던 범죄자와 부랑자들을 시적 정취와 섬세함을 지닌 왕자, 귀족, 천재 들로 그려낸 장 주네Jean Genet의 재능이 바로 그런 것이었다. 창녀와 걸인이 그의 펜 끝에서 귀족으로 새롭게 태어나 말을 한다. 어디 그뿐인가. 토마스 만Thomas Mann의 《마의 산》처럼 경지에 오른 요양원 문학도 있다. 이 소설에는 난처해진 연애 관계, 긴 의자에서 주고받는 사상 논쟁, 그리고 전쟁이 임박한 저 아래 세상에 대한 비난이 담겨 있다(시대적 배경이 1차 세계대전 직전이다). 수많은 사건과 논쟁이 들끓는 요양원에서, 사회적 삶은 폐의 상태, 기침의 심각성에 따라 유예된다. 요양원 입소자들은 조용히 사라지게 될 위엄 있는 자들과 어쨌든 버텨내고 증언하는 생존자들로 나뉜다.

사막의 모래에 파묻히듯 일상에 묻어가는 교활한 기

뿜을 무시하지 말자. "어째서 살아야 하는가"라는 수수 께끼에 대해서 수많은 사람이 시대와 감성에 따라 독창적인 답을 내놓았다. 앙리 프레데릭 아미엘^Henri Frédéric Amiel은 소소한 사실들로 이루어진 우리의 운명을 그 어떤 작가보다 잘 표현해냈다. 아미엘은 17,000매가 넘는 방대한 일기에서 제네바 대학교 문학 및 미학 교수로서 보냈던 별것 아닌 일상을 평생에 걸쳐 희한하리만치 꼼꼼하게 기록했다. 그의 하루하루는 분위기만 약간씩 다를 뿐거의 아무 일도 일어나지 않는다. 연속되는 날들은 날짜만 다를 뿐 오늘은 어제 같고 내일은 오늘 같다. 지치지도 않은 채 상황은 되풀이되고, 아주 미세한 차이가 사건 하나하나를 도드라지게 만든다.

아미엘은 다면적 인물이었다. 박학한 교수였고 사회적으로 큰 명성을 누렸지만 사실상 이중생활을 영위하고 있었다. 공식적인 삶과 꿈꾸는 삶으로 양분되는 생활이었다. 후자의 삶에서 그는 자기가 쓸 수도 있었을 책, 자기가 결혼할 수도 있었을 여성(그의 애정 생활은 거의 없다

✳

시피 한 수준이었다), 그가 할 수도 있었을 여행 이야기를 상상했다. 지독히도 우유부단했고 "가능성의 보편적 변형"에 사로잡히곤 했던 그는 항상 무대 뒤편에 머물고자 노력했다. 꼼꼼하게 써 내려간 《일기^{Les Fragments d'un Journal intime}》만이 그에게 운명을 만들어간다는 모종의 환상을 심어주었다. 일기를 쓴 작가들은 수없이 많지만, 오직 아미엘만이 무미건조한 일상에 항구성을 부여함으로써 무기력의 황제라는 직함을 누릴 자격을 갖추었다.

안 하고 싶습니다

아미엘은 무의미한 것을 전례 없는 수준으로 드높였다. 여기서 말하는 무의미한 것은 재미없거나 쓸데없는 것이 아니라 의미가 아직 부여되지 않은 것이다. 아미엘은 디테일을 탐구하고 아주 사소한 것을 계기로 공상을 펼치고 이야기를 덧붙인다. 그의 일기는 한없이 작은 것이라는 새로운 신을 글쓰기로 기리는 성소다. 아미엘은 그 신을 공들여 조명하고 연출함으로써 오토픽션의 승리자로 드높인다. 기분, 일화, 두통, 소화 불량, 호흡 곤란, 레만 호수에 비치는 햇살의 유희를 바라볼 때의 황홀감, 다양한 모습의 보보족 등 이 모든 것이 삶의 미세하고 특유한 문체가 되어 결국 하나의 모험을 구성한다. 그는 강박적으로 시간 사용법을 만들고 미래를 달력이라는 감옥 속에 가두었다.

시간을 채우는 것은 힘든 일이다. 분 단위로 시간 사용을 예측하고 구획하지 않는다면 말이다. "이번 겨울, 시간표를 작성하느라 꼬박 여덟 시간이 걸렸다." 아미엘의 강박이 보이는 대목이다. 시간을 계획표라는 철통같은 코르셋으로 조이는 이유는 그 계획표 안에 자기 자리가 있고 자신에 대한 기대가 있음을 확실히 하기 위해서다.

아미엘의 후계자로 꼽을 만한 요즘 작가는 칼 오베 크나우스고르Karl Ove Knausgård이다. 4,000매에 달하는 《나의 투쟁》은 지독한 사실주의 고백록이다. 이 작품이 거둬들인 전격적인 성공은 픽션이 위축되더라도 진실성이 살아 있는 편을 선호하는 우리 시대의 분위기를 보여준다.

*

허먼 멜빌Herman Melville의 《필경사 바틀비》를 보자. 양심적인 필경사 바틀비는 신세 딱한 죄수가 되고 만다. 이 필경사는 중세 수도사들의 후계자이자 19세기의 위대한 반反영웅이다. 바틀비는 월스트리트의 작은 법률 사무소에서 일하다가 어느 날 고용주의 부탁을 그 유명한 한마디로 거절한다. "안 하고 싶습니다I would prefer not to." 이 희한한 부정의 긍정문이 수십 년 동안 철학자들과 작가들의 마음을 사로잡았다. 바틀비는 처음에는 사무실의 벽 안에 있었지만 나중에는 감옥의 벽 안에 갇힌다. 그는 마치 소인국에 떨어진 거인 같다. 시체처럼 창백한 낯빛의 필경사는 왕성한 지식욕에 사로잡힌 부바르와 페퀴셰와는 달리 주어진 작업대에서 주어진 업무를 처리할 뿐이다.

《필경사 바틀비》는 공격적 수동성의 소설이다. 주인공의 저항과 맥없는 오만은 상사와 동료 들의 진을 빼놓는다. 그는 대단원에 이를 때까지 음울함을 기행 수준으로 펼친다. 한때 워싱턴의 수취인 불명 우편물 처리 업무를 맡았던 그는 이제 삶을 살지 않기 위해 삶을 옮겨 쓴다.

질 들뢰즈^{Gilles Deleuze}가 지적했듯이 "그는 다른 사람이 이미 쓴 글을 다시 쓰는" 사람이다.[46) 하지만 이 허드렛일은 그를 금세 절망에 빠뜨린다. 결국 그는 필경사 일을 중단하고 사무실을 무단으로 점유하기에 이른다. 바틀비는 나중에 강제로 쫓겨날 때까지 그 자리를 떠나지 않는다. 자료를 찾아보고, 베껴 쓰고, 전달하는 일을 옛날에는 수도사들이 맡았었다. 그들은 수도원에 틀어박혀 이 보람 없는 일을 묵묵히 해내면서 그리스어, 라틴어 문헌들을 망각에 빠지지 않도록 지켜냈다. 바틀비는 플라톤의 (명암은 전혀 없는) 동굴, 수도원 독방, 19세기 먼지투성이 사무실의 교차점에 있는 인물이다. 요즘 같으면 개성 없는 고층 건물의 오픈 스페이스 혹은 공유 오피스에서 일하는 프로그래머일까.

바틀비는 "말없이, 파리한 얼굴로, 기계적으로" 서류를 베끼고 직장 동료나 상사의 사소한 요구에도 "안 하고 싶습니다"라는 대답으로 일관하며 그들을 미치게 만든다. 그의 침묵은 허다한 논평과 절망을 불러일으킨다. 이 "영

*

혼 파업자"(장루이 보리)는 모든 활동을 포기하고 사무실에서 쫓겨난 후 감옥으로 끌려간다. "안 하고 싶습니다." 이 말은 거절이자 수용이다. 거절은 부정을 선택하고 그것을 포기하지 않되 무감각하게 하는 것이다. 바틀비는 다른 모든 말을 거부하는 이 말을 뱉고 나서 절대적인 침묵에 들어간다.

멜빌은 자크 데리다^{Jacques Derrida}가 "거대한 작은 책"이라고 상찬했던 이 작품의 저자일 뿐 아니라 거대한 흰고래 모비 딕과 망망대해를 그려낸 작가이기도 하다. 멜빌은 한없이 큰 것과 한없이 작은 것 양쪽 모두에서 신대륙을 발견한 소설가였다. 그는 바틀비를 통하여 미세한 것의 기상천외함을 감당하기 어려운 수준까지 파고들었다.

실존

**1년 365일,
365개의 운명들**

*

모든 시간, 모든 날이 비슷비슷하면서도 살짝 다르다.
하지만 이 "살짝" 속에
방대한 모험이 있고 가슴 뛰는 불협화음이 있다.
지금 시작되는 하루도 어제와 거의 똑같은 이야기를
들려줄 뿐이라면 어떻게 더 많은 사건을 만들 수 있을까?

나는 1년 365일 동안 365개의 운명을 산다

현대에는 엄청난 관성의 힘으로 마비 상태와 나태를 절대 가치로 옹립하는 소멸과 잠의 영웅들이 가득하다. 그들에게 삶은 뺄셈이어야만 한다. 그들에게는 진짜 삶, 욕망의 격동, 강렬한 페이소스가 "당신의 삶을 바꿔야 합니다"라는 광고 카피만큼이나 와닿지 않는다. 낭만주의에서 상황주의에 이르기까지 절정을 추구하는 태도는 늘 있었지만 "속도를 늦추려는 자들"의 진영은 확고한 실존적 패배주의를 통하여 별도의 영역을 구축했다. 그들은 살지 않기를 선택함으로써 행복이라는 이상이 오랫동안 누려왔던 우대를 박탈했다. 그들은 예언자나 반항아를 자처하지 않았다. 그보다는 작은 것과 자발적 무위의 사제가 되기를 원했다. 그들은 격동과 광휘의 영웅이 아니라 허무의 딴따라, 자발적 마비 상태의 신도였다. 결국 그들은 본의 아니게 "위축의 낭만주의"를 수립했다.

아무것도 아닌 삶을 사는 것는 쉬운 일이 아니다. 오히려 주도면밀한 계획이 필요하다. 세르주 두브로스키^{Serge} ^{Doubrovsky}가 1970년대에 고안한 오토픽션 장르에서 작가는 자기가 경험한 것 외에는 글로 쓰지 않는다. 작가는 자신이 살아 있음을 확인하기 위해 글을 쓴다. 그는 아주 미미하게라도 글을 쓰면서 자신을 부풀리고, 대수로울 것 없어 보이는 자신의 생애가 얼마나 풍부한 글쓰기의 원천인지 깨닫는다. 일기 혹은 잡기雜記는 자신의 독자를, 실체 없는 형제를 만들어낸다. 한 주, 또 한 주, 별것 아닌 일들을 주워섬기고 평범한 일상의 목록을 만드는 일은 좀처럼 엄두를 내기 힘든 도전이다. 매 순간 일관된 자기로서 존재해야 하고, 자기가 해체될 수도 있는 느슨한 시간의 폭풍에 맞서야 한다.

✳

"나라는 사람은 한없이 깊다"고 아미엘은 말한다. 나는 1년 365일 동안 365개의 운명을 산다. 인간의 온전한 비극으로서의 하루, 이것은 제임스 조이스[James Joyce], 캐서린 맨스필드[Katherine Mansfield], 버지니아 울프, 아니 에르노, 마르그리트 뒤라스[Marguerite Duras]까지 여러 걸출한 작가가 다루었던 현대 소설의 중요한 주제다. 아미엘은 삶을 피곤해했던 대학 교수가 아니었나? 하지만 그 피곤은 왕성한 활동성을 지녔다. 삶이 피곤한 자는 자기에게 아무 일도 일어나지 않게 하려고 엄청난 에너지를 쏟아붓는다. 밋밋함에는 경계가 없다. 자신의 공허한 소우주 속으로 깊이 빠져들어 본 적이 있는 사람은 그 사실을 안다. 심지어 그 작은 영토에서조차 나는 주권이 없고 감당하지 못하는 것들이 많다. 삶을 제대로 살지 않는 데도 어마어마한 노력이 필요하다.

"살짝" 다름 속에 가슴 뛰는 불협화음이 있다

하루하루를 견디기 위한 열정도 필요하다. 칩거한 채

살기를 원하는 자는 권태라는 신에게 자기를 산 채로 바치는 셈이기 때문이다. 권태라는 신은 어마어마한 부식력으로 삶의 다양함을 녹이고 집어삼킨다. 권태는 부진, 마모, 교착의 은유들을 일깨운다. 샤를 보들레르와 에드거 앨런 포$^{Edgar Allan Poe}$에게는 빙하들 사이에 갇혀 꼼짝못 하는 배, 귀스타브 플로베르의 경우는 물이 고인 늪, 스테판 말라르메$^{Stéphane Mallarmé}$는 새를 붙잡아놓는 불모의 빙하, 폴 베를렌$^{Paul Verlaine}$과 안톤 체호프$^{Anton Chekhov}$는 겨울 눈에 뒤덮인 음울한 평원, 알베르토 모라비아$^{Alberto Moravia}$의 하수구를 막아버린 석회 찌꺼기, 장폴 사르트르의 《구토》에서는 사람을 끈적하니 집어삼키는 자연의 점착성으로 나타난다. 권태는 어떤 식으로든 자기 자신에게 들러붙어 빠져나가지 못하는 상태다. 우리는 "존재"에서 "존재에 가까운 것"으로 넘어가고, 의미의 사적인 존속이 서서히 무너져가는 것을 감내한다.[47] 권태는 틈새의 병이다. 마치 서리처럼 순식간에 파고들어 삶을 동결시키고, 비약을 막고, 의식을 벌집처럼 **빽빽**하게 채운다.

권태는 인생을 무와 무 사이의 간격으로 전락시키고, 소셜네트워크는 이 공허감을 전 세계 차원으로 확장한다.

오랫동안 프랑스와 러시아의 시골은 초저공비행의 삶, 끝없는 겨울잠을 표상했다. 체호프에서 사르트르에 이르기까지 수많은 작가가 이 매혹적인 지리멸렬에 관해 서술했다. 팬데믹 동안 세계가 닫히면서 일시적으로 모두가 이 지지부진한 생활을 해야 했다. 경이, 새로움, 미지에 속하는 것들을 당분간 포기해달라는 부탁을 받았었다.

일상에는 모든 것을 중립화하고 밋밋하게 만드는 특성이 있다. 일상이라는 불확실한 공간은 사랑, 감정, 분노를 무색의 젤라틴 속에 묻어버린다. 모든 것을 내려놓고 싶은 마음, 강물을 따라 떠내려가고 싶은 마음이 왜 없으랴. 일상생활에서나 시에서나 운율감 있는 반복에는 최면의 힘이 있다. 모든 시간, 모든 날이 비슷비슷하면서도 살짝 다르다. 하지만 이 "살짝" 속에 방대한 모험이 있고 가슴 뛰는 불협화음이 있다. 지금 시작되는 하루도 어제와 거의 똑같은 이야기를 들려줄 뿐이라면 어떻게 더 많은 사건을 만들 수 있을까?

몇 번을 읽어도 재밌는 동화처럼, 그 내용을 이미 알지만 반복이 지겹지 않은 이야기도 있다. 루틴에는 통증을 완화하는 희열이 있다. 루틴은 처음에 자의적으로 보이던 것들을 필수적인 것으로 위장한다. 그렇게 되면 별 생각 없이 루틴을 따라 행동할 수 있다. 하루 세 끼, 때마다 울리는 스마트폰 벨소리, 화면으로 보는 프로그램들 등 삶에 일어나는 일이 적을수록 그 얼마 안 되는 사건이 말도 안 되게 중요해진다.

낭만주의에는 부르주아의 분주함이나 노동자의 몸부림을 거부하기 위해 보란 듯이 권태를 과시하는 태도가 깃들어 있다. 알프레드 드 뮈세Alfred de Musset의 유별난 세기병은 오만과 은근한 반항의 혼합물이었다. 인생을 허비하는 태도는 품위 없이 일하는 평민, 부르주아, 노동자와 자기를 차별화하는 방식이었다. 자신은 엘리트의 일원이고 행복한 소수Happy Few에 속한다는 것을 보여주려 했다.

부자가 만족에 빠져 있을 때 시인은 무위도식으로써 자신은 그들과 달리 불행하다는 것을 드러낸다. 우울은 행복한 소수를 재생산, 속도, 노동의 세계로부터 분리했다. 고뇌에 찬 예술가나 극작가의 창백한 얼굴은 말한다. 당신들의 바쁘게 돌아가는 세상은 나와 상관없습니다. 나는 소속이 달라요.

평범함이라는 피난처의 역설

위험으로 점철된 세상에서 우리는 새로운 댄디즘에 따라 행동한다. 스트레스 받지 않고 "쿨하게", 조용하면서도 효과적으로 우리의 소속이 다르다는 사실을 드러낸다. 우리는 초연하다. 일상생활에서 짐짓 무심한 척을 한다. 우울 혹은 공포를 감추기 위해 흥분하지도 않고 따뜻하게 마음 쓰지도 않은 채 세상의 비극을 살아낸다. 우리는 감정을 자연스러운 경쾌함으로 변장시키는 기술을 연마 중이다.

이 시대에는 무심한 척하는 가짜가 너무 많다. 회피와

미완의 왕자가 되고 싶어서 초연한 척, 신경 쓰지 않는 척하는 사람들이 있다. 그들의 냉정함은 단조短調의 스토아주의다. 그들은 일종의 금욕 치료를 스스로 행하며 기성세대의 거창한 태도, 맹렬한 저항을 거부한다. 그 대신집으로 도피하여 자기네의 수고로운 노력을 아무렇지 않은 것처럼 위장한다. 그들은 불안을 겉모습뿐인 평온으로 바꿔놓는다.

무슨 핑계를 대느냐가 무에 중요하겠는가. 결과는 동일하다. 미래의 불확실성을 피하기 위해서 집에 머물고, 가까운 친구나 지인과의 관계에 머문다는 주제에 대한 변주일 뿐이다. 이것이 평범함이라는 피난처의 역설이다. 개인의 삶이 규칙적일수록 위험이라는 유도 동기에 민감하게 반응하기 마련이다. 응급 상태에는 어떤 쾌감이 있다. 우리는 인류의 멸종을 예측하면서 역설적으로 희열을 느낀다. 병폐를 치유할 방법을 구하는 대신 퇴락에 대해서 이러쿵저러쿵 떠드는 사람이 너무 많다. 패배주의는 편안하게 널브러진 고양이들의 한숨이다. 재앙을 부르짖는 연설은 우리를 깨우고자 하지만 결국은 집어삼키고 만다. 기후 변화, 화산 분출, 태풍, 사고, 테러는 우리의 잠잠한 삶을 스릴 넘치게 열광시킨다. 적은 우리 안에 있고, 우리의 자그마한 실패를 노리고 있다.

루틴

모래알 하나에도
화가 난다면

*

행복은 적어도 두 가지로 나눌 수 있다.
창을 활짝 열어젖히고 싶은 확장의 행복,
반대로 창을 걸어 잠그고 싶은 수축의 행복.
탐험의 정신과 칩거의 정신이 지금처럼
치열하게 대립한 적은 없었다.

아무것도 하지 않는 전쟁

19세기와 20세기의 수많은 작가가 삶을 충만케 하고자 애쓰는 동안, 배은망덕하게 일상을 다시 진부한 것으로 만들기 위해 무미건조함을 더욱 강조한 작가들도 있었다. 그들은 무의미함을 극단까지 밀고 나갔다. 아무것도 하지 않는 전쟁은 섬세함과 전략의 예술이다. 아무것도 아님을 강조함으로써 그 안에서 여전히 약동하고 순환하는 것을 억눌러야 하기 때문이다. 보통 우리는 영웅은 급박한 상황에서만 나타나고 일상을 모험과 모험 사이 정도로만 생각한다. 반면, 아무것도 하지 않기로 작정한 자는 공허한 작전 타임―작전이 결코 실행되지 않으므로—말고는 모른다. 그들의 정신적 후계는 진보에 복종하지 않는 요즘 작가들 가운데 있다. 일례로 작가 리처드 브라우티건[Richard Brautigan]을 기념하여 설립한 브라우티건 도서관을 들 수 있다. 전위적 경향의 작가였던 브라우티건은 1984년에 마흔아홉 살의 나이로 자살했는데, 그가 편집자들에게 거절당한 원고들만 모아놓은 곳이 바로 이 도서관이다.[48]

은근한 반항아들은 세상과 대놓고 싸우지 않았고 "대대적 거절[Grand Refus]"의 자세를 취하지도 않았다. 그들은 다른 곳으로 표류했고 부정[否定]의 예술사에서 중요한 위치를 차지했다. 생을 체념하는 자세는 사랑, 영예, 우정 등 어떤 영역에서든 각각의 정서에 맞게 구현되었다. 놀라운 것은, 하찮은 것의 모험가들이 이룩한 이 문학적 전통이 그리 알려지지 않았음에도 불구하고 오늘날 우리에게 와닿는다는 점이다. 그들의 문학은 우리가 팬데믹 기간 동안 경험했고 불운하게도 또 다른 전염병이 나타난다면 앞으로 경험하게 될 것을 이야기하기 때문이다.

✳

루틴을 극단적으로 추구하는 자들은 부정이나 침묵을 신화화하지 않는다. 쥘리앵 그라크Julien Gracq는 아르튀르 랭보의 침묵에 분노하며, 침묵 서원은 속세의 인간이 군중과 멀리 떨어진 곳으로 죽으러 갈 때의 규칙이었다고 상기시킨다. 루틴의 극단주의자들은 눈에 띄지 않으려는 자세를 취했다. 잠재적 삶을 단조롭게 만듦으로써 열정적 삶에 도취되는 것을 막았다.

그들은 "불참의 윤리"(플로랑스 로터리)를 실천했고 소소한 사건들의 의미를 파헤쳤지만—하찮은 우연을 기적처럼 과장하고 아무 데서나 운명을 들먹이는 것이 초현실주의의 병폐였다—경외심을 불러일으키지는 못했다. 불행은 무한히 많지만 행복은 적어도 두 가지로 나눌 수 있다. 창을 활짝 열어젖히고 싶은 확장의 행복, 반대로 창을 걸어 잠그고 평온을 누리는 수축의 행복이다. 비록 후자의 평온이 전자의 시각에서는 단조로움과 획일성에 지나지 않겠지만 말이다. 전자는 광활한 세상에서 경이를 발견하고 후자는 집이라는 소우주에 만족한다. 먼 바다의 매혹과 익숙하고 소소한 즐거움 사이의 차이랄까. 대부분의 사람들은 때로는 호방한 것, 또 다른 때는 협소한 것을 선호하는 식으로 양극단 사이를 오갈 뿐 어느 한쪽으로 완전히 치우치지 않는다. 탐험의 정신과 칩거의 정신이 지금처럼 치열하게 대립한 적은 일찍이 없었다.

살아보지도 못한 채 죽을까 두렵다

옹졸함과 절대성에 대한 꿈이 만나서 만들어진 이 아이러니한 지진계는 앙리 프레데릭 아미엘에서 미셸 우엘베크Michel Houellebecq에 이르기까지 170년의 시차를 두고 동일한 종말을 감지했다. 생의 의미에 대한 믿음의 종말이었다. 예나 지금이나 영혼이 받는 낮은 압력을 기록하는 과민성 피로 세대라는 점은 마찬가지다. 현대 세계의 광기, 혁명 혹은 기술에 대한 오랜 꿈의 해독제가 달리 없기 때문이다. 환멸에 젖은 세대는 과로와 허무 사이를 오가며 타협하느니 차라리 쓸모없는 것과 결탁하기로 작정하고 공허의 시대(질 리포베츠키)를 표방한다.

＊

집이라는 공간이 카프카의 〈굴〉처럼 되어버리면 삶 또한 은신처를 강화하고 "살아남기 위해 마련한 구멍"을 더욱더 깊이 파고 들어가는 것밖에 되지 않는다.[49] 권태를 대가로 치르고 안전을 확보할 것인가? 위험을 대가로 치르고 자유를 확보할 것인가? 굴에 처박힌 삶은 그 안에서 완벽한 평화를 누리고 있는지 수시로 확인하는 것이 전부다. 모래알 하나에도 성질이 욱하고 올라올 수 있다. 그러니 통로를 막고 틈새를 메우는 일이 일상이다. 그냥 바람 빠지는 소리에 불과하더라도 소음이 그치지 않으면 더럭 겁이 난다. 산사태라도 나려는 건가? 아니면 들쥐나 다른 동물이 근처에서 땅을 파나? 요새는 애초에 타자들에게 적대적인 곳이기 때문에 언젠가 포위되기 마련이다. 세상의 적의는 누그러들지 않고 바깥과의 싸움은 결코 멈추지 않는다. 그렇기 때문에 이 시대에는 굴이 대중의 허구적 해결책이 된 것 같다.

수수께끼의 저작 《블룸 이론Théorie du Bloom》[50]을 보라. 이 책을 출간한 익명의 위원회는 이반 곤차로프의 《오블로모프》의 주인공 오블로모프와 제임스 조이스의 《율리시스》에 등장하는 반영웅 레오폴드 블룸의 유사성을 주장한다. 《블룸 이론》은 "기술친화적 히스테리의 짧은 국면과 관조적 무력증의 장기 국면을 왔다 갔다 하는 것으로" 기분을 전환하는 문명을 다룬다. 1982년부터 1991년까지 매년 코르제의 파데 역으로 괴상한 순례자들이 모여든다. 거기서 순례자들은 "흥미 없는 현실"을 경험하는 것 외에는 아무 일도 일어나지 않는 회의에 참석한다. 그들이 역에서 하는 일이라고는 오토레일을 타고 들어오는 다른 참석자들을 플랫폼에서 기다렸다가 1년 후에 다시 돌아오기 위해 떠나는 것뿐이다. 이 쓸데없이 엄숙한 의식을 방해하거나 복잡하게 만드는 시도는 금지된다. 해가 거듭되면서 이 모임에는 축배와 연회가 따라오고, 돈의 평평함platitude(시시함이라는 의미도 있다─옮긴이)을 증명하기 위해 레일 위에 동전을 올려놓는 의례도 생긴다. 이 진부함의 추종자들은 사회에서 강요하는 일반적 모습으로부터 탈선하기 위해 브레이크를 밟아 속도를 늦추고 열광적으로 일상의 관성 속에 빠져든다.

자기도 모르게 의존증에 빠지는 것이야말로 노년의 저주이다. 의존은 정신의 위축을 낳는다. 목숨을 끊는 것도 엄청나게 수고로운 노동이다. 카프카의 단편 소설 〈단식 광대^{Die neue Rundschau}〉에서 우리에 갇힌 "굶주림의 예술가" 는 무관심한 관중 앞에서 간수들의 감시하에 단식을 계속하면서 말라 죽어간다. 행여 사소한 거슬림이 삶에 관심을 끌어당기는 일이 없게끔 격렬하게 평범해야 한다.

에밀 시오랑^{Emil Cioran}은 예의 그 빼어난 재능으로 "존재하고 싶다는 유혹"[51]을 비난한다. 도대체 얼마나 오만하기에 존재하지 않기를, 무의 경지에 도달하기를, 부정을 긍정하기를, 공허를 확신으로 느끼기를 바랄 수 있는 걸까. 열정의 포기는 포기의 열정이 된다. 18세기의 모럴리스트 니콜라 샹포르^{Nicolas Chamfort}는 "살아보지도 못한 채 죽을까 봐 두렵다"고 했다. 삶의 축소를 지지하는 이들은 "살지 않고 죽을 수 있으면 좋겠다"고 반박할지도 모르겠다. 무감각해지기, 그건 몹시 이루기 힘든 소명이다.

게임은
아직 끝나지 않았다

"바람을 초대할 수는 없지만 창문은 열어두어야 한다."

—지두 크리슈나무르티

르네상스와 계몽주의 시대는 더 나은 것을 약속하고 풍요로운 시대를 예고했다. 그러나 20세기 말부터 우리는 불모의 시대로 진입했고 인류를 퇴행의 길로 끌고 가려는 진영들이 우후죽순으로 나타났다. 삶에 대한 유쾌한 동의, 낯선 세계를 향한 호기심, 목적 없는 방황이 이제는 수상한 것이 되었다. 젊은 세대는 하루가 멀다 하고 절망을 주입받고 있다. 그래서 삶의 우선순위를 둘러싸고 모든 진영이 분열된 싸움이 치열하게 벌어진다.

무엇을 최우선 과제로 삼아야 하나? 지구온난화? 팬데믹? 테러? 전쟁? 공포라는 관점에서 이 모든 경고의 효과는 동일하다. 역사의 거대한 비극에서 보호받고자 하는 이들에게 뒤로 빠져 숨고 싶다는 유혹은 너무나 크다. 젊은 세대가 악몽에 시달리고, 미래를 더 이상 믿지 않고, 말세를 기다리며 굴속으로 숨어드는 것이 놀랄 일인가? 절대적 안전에 대한 욕구는 타인들의 취향까지 묵살하곤 한다. 세상의 종말은 일차적으로 바깥세상의 종말이다. 더불어 사는 삶은 이제 매력이 없다.

삶을 향한 1960년대의 의욕은 옛날이야기다. 이제 숭고에 대한 열광을 식히고, 야망을 절제하고, 작은 것의 잔칫상으로 모두를 불러들여야 한다. 삶이 제공하는 모든 것을 야무지게 누리려는 욕망은 금지되거나 지구, 국가, 과거, 도덕, 소수파에 대한 죄악이라며 비난받는다.

밖은 온통 심연이기 때문에 이제 우리 자신에게로 돌아가야 한다고들 말한다. 신중함이 관성과 혼동된다. 가짜 탈주 없이는 아무도 이 시대의 비극을 지속적으로 감

✱

당할 수 없다. 사생활의 확장은 공적인 삶에 대한 포기로 이어진다. 1819년에 뱅자맹 콩스탕Benjamin Constant은 현대인들의 자유가 "사적인 즐거움에서의 안전"이며, 여기에 따르는 위험은 대중의 정치 회피라고 지적했다. 그리고 알렉시스 드 토크빌Alexis de Tocqueville은 《미국의 민주주의》의 저 유명한 대목에서 온건한 독재 체제가 민주주의를 침범하지 않을지 우려했다.

"이 강대한 수호 권력은 (…) 시민들이 즐겁게 사는 것만 생각할 때는 시민들이 즐거워하는 것을 좋아한다. 이 권력은 기꺼이 그들의 행복을 위해 일하지만 그들의 유일한 대리인이자 중재자가 되기를 바란다. 그들의 안전을 보장하고, 그들의 필요를 예측하고 책임지며, 그들의 주요 사안을 수행하고, 그들의 산업을 운영하며, 그들의 상속을 해결하고, 그들의 유산을 분할한다. 이 권력은 그들이 안고 있는 사유의 어려움과 삶의 고통까지 완전히 없앨 수 있을까?"[52]

안과 밖의 생산적 긴장은 문과 덧문이 살짝 열리면서
양측의 공기가 순환할 때 발생한다(서로 더 잘 연결되기 위
해 국가와 국가를 분리하는 국경에 대해서도 같은 말을 할 수 있
다). 우리를 마비시키는 불안에 대해서는 위험을 감수하
는 우아함으로 맞서야 한다. 우리를 강하게 만드는 것은
도피가 아니라 역경과의 정면 대결이다. 폐쇄 혹은 개방
의 독단주의 대신 다공성多孔性을, 절제와 용기 사이의 적
절한 간격을 추구해야 한다. 그 사이에서 창조적 충격이
빚어지기 때문이다. 인생의 맛은 언제나 다양한 영역의
충돌 속에 있다. 빅토르 세갈랑Victor Segalen은 이렇게 말했
다. "나는 망치 소리와 종소리 사이에서 의견을 말해야
했다. 이제 고백하건대, 나는 주로 소리를 들었다."

고행자들과 투덜이들을 물리치기 위해서는 사람들과
계속 사이좋게 살아가고 싶은 마음을 유지해야 한다. 진
정한 르네상스, 일대 변혁이 필요한 시점이다. 2022년 2월
24일에 발발한 우크라이나 전쟁은 전 세계의 허를 찔렀
다. 아직 팬데믹이라는 발등의 불을 끄느라 정신이 없었

고 평화가 보편화되었다고 철석같이 믿고 있던 때였다.

앞으로 우리는 선잠에 빠질 수도 있지만 깨어날 수도 있다. 최악의 시련에서 더욱 성장한 모습으로 빠져나올 수도 있고, 탄복할 만한 부활의 본보기를 마련할 수도 있다. 우리는 스스로 생각하는 것보다 더 강하다. 그리고 우리의 적은 생각보다 약하다. 우리의 비루함을 즐거워하고 멸종이 임박했노라 외치는 황혼의 예찬자들에게 이보다 더 근사한 반박이 있을까.

그래도 조심하자. 전쟁과 질병은 우리를 쓰러뜨리기도 하지만 각성시키기도 하는 애매한 주인들이다. 러시아 군대가 우크라이나를 침공한 후 사람들은 놀라운 연대 의식을 보여줬다. 그러나 이러한 연대 의식은 시간의 시험, 천연가스와 석유 가격의 상승, 지속적인 인플레이션, 일상의 오만 가지 걱정, 핵 위협에 배겨나지 못할 위험이 있다. 열기가 식은 후에도 과연 공감하는 세력이 남을 것인가? 자유에는 때때로 많은 비용이 든다. 특히 전쟁을 좀체 잊지 못하는 악몽처럼 혐오하는 나라의 국민들이 치러야 할 비용은 참으로 크다. 여러 전선에서 벌어지는 이 싸움에는 지구력과 끈기라는 미덕이 필요하다. 목표는 단순하면서도 원대하다. 2차 세계대전 때처럼, 냉전 시대 때처럼 민주주의 국가들은 힘에 굴복할 것인가? 아니면 야만에 항거해 일어날 것인가?

오블로모프가 폭력과 허무주의에 침식당한 자신의 조국 러시아로 돌아갈 수도 있다. 일부 대담한 반체제 인사를 제외하고는 공포와 무력감에 신물이 난 러시아 국민이 굴을 파고 들어갈 수도 있다. 1839년에 퀴스틴^{Custine} 후작이 확인한 대로다. "러시아인들은 아이 어른 할 것 없이 노예살이에 취해 있다."

항복의 사도들과 저항의 신봉자들 중 과연 누가 이길 것인가? 지금의 젊은 세대를 믿어야 한다. 그들은 가끔 울먹거릴 때도 있지만 미래에 당하기보다 스스로 부딪히며 미래를 건설하고자 한다.

게임은 아직 끝나지 않았다.

하지만 포기하면 이미 진 것이다.

✳

영원한 방황의 마음으로

하루하루를 보내는 개인들에게

　소위 고전으로 통하는 소설들을 한창 읽다가 예전에
는 눈 밝은 작가라면 사회학자도 되었다가, 경제학자도
되었다가, 심리학자도 되어야 했겠거니 생각한 적이 있다.
지금은 소비자심리학이나 도시사회학처럼 학문 분과가
뚜렷하게 특화되어 있지만, 사회학·경제학·심리학이 따
로 구분조차 되어 있지 않았던 시절에는 작가가 학자 역
할을 맡아서 사회를 관찰하고 분석과 예측을 내놓았다.
오노레 드 발자크[Honoré de Balzac]가 19세기에 쓴 《고리오 영
감》이 토마 피케티[Thomas Piketty]의 《21세기 자본》에 인용되
고, 에밀 졸라[Émile Zola]의 소설들이 사회사 연구 자료가 될

수 있는 이유가 여기에 있다. 예전에는 사회가 돌아가는 원리나 변화를 통찰하고 문제의식을 밝히는 것이 작가의 역할이었기에 이른바 '대문호'는 시대의 연구자, 나아가 정신적 스승이기도 했다.

이제는 시대와 세계를 연구하고 변화 추이를 예측하는 학자들이 분야별로 있지만 아직도 작가의 역할은 매우 중요하다. 작가는 여전히 세상의 변화를 민감하게 알아 차리는 사람, 독자가 품은 개인적 의문들이—해결책까지 제시하지는 않더라도—어떠한 문제의식과 연결되는지 짚어줄 수 있는 사람이다. 현대의 작가들이 동시대인에게 선사하는 미덕이 있다면, 시대 변화나 개인의 인생 여정에 부합하는 사유의 단초를 던져주거나 각자의 막연한 생각을 정리해주는 것이 아닐까?

그런 면에서 파스칼 브뤼크네르는 매우 성실한 작가다. 그는《아직 오지 않는 날들을 위하여》로 중년 이후의 삶을 고민하는 독자들에게 영감을 선물했는데, 이번 책《우리 인생에 바람을 초대하려면》에서는 팬데믹 시기 동안의 성찰을 담아냈다. 한국에서는 1인 가구가 34퍼센트 수준으로 가장 비중이 큰 가구 형태가 되었다. 팬데믹을 계기로 원격수업, 화상회의, 재택근무, 각종 플랫폼을 이용한 서비스가 생활 깊숙이 들어왔다. 따라서 한국의 독자들에게도 이 책의 내용이 서양의 다른 나라 이야기, 나와 마냥 상관없는 이야기로 들리지만은 않을 것이다.

이제 우리는 집 밖으로 나가지 않더라도 손바닥 안의 스마트폰으로 세상을 불러들일 수 있다. 친구와 실제로 만나지 않더라도 인터넷 채팅으로 대화를 나누거나 SNS로 근황을 확인할 수 있다. 거기에 너무 익숙해진 나머지 어느새 세상도, 인간관계도 피상적으로 느껴진다. 혼자 보내는 시간은 늘었지만 내면이 풍부해지기는커녕 '영원한 방황'의 마음으로 하루하루를 보낸다. 우리 사회가 당면한 문제 중에는 충만하지 못한 경험들이 계속 축적되는 영향도 있는 듯하다. 문제가 무엇인지 제대로 생각하기도 전에 마치 구글 검색을 하듯 재빨리 답을 얻기를 원하고, 기다림이나 참을성은 미덕으로 치지 않는다. 과거에는 서로 반대 견해를 갖고 있더라도 일단은 상대의 말을 들어본 후 반박하곤 했는데, 요즘은 공적 토론조차 집단적 독백의 장이 되어버렸다.

파스칼 브뤼크네르는 인간이 홀로 칩거하려는 경향은 이미 중세 수도원에서부터 존재했고, 고립으로 인한 문제도 그때부터 있었다고 한다. 고독은 무엇인가를 만들어 내려는 인간에게 반드시 필요하지만, 거기에 무기력이라는 함정이 따라오기 쉽다는 점도 다양한 문학 작품을 인용하면서 지적한다. 저자가 가장 우려하는 점은 칩거에 익숙해진 인간이 정신적·신체적 무기력을 학습하는 것, 그리하여 '마음은 원^願이로되' 행동하지 못하는 오블로모프와 같은 인간이 급증하는 것이다.

재택근무라는 개념이 본격적으로 생기기 전부터 집에서 모든 것을 해결해왔고 항상 이동을 최소화하는 데 급급했던 나로서는 책 속에 공감 가는 문장이 많았고 괜히 뜨끔해지는 지적도 꽤 있었다. 실제로 나는 25년 넘게 집에서 일을 하고 두문불출하면서, 사회성이나 행동력 면

에서 그전과는 굉장히 다른 사람이 되었다고 생각하곤
했다. 역자에게도 이 책은 혼자 막연하게 생각했던 것들
을 다시 한번 돌아보고 어떤 부분을 놓치지 말아야 하는
지 깨닫는 계기가 되었다.

2023년 10월
이세진

주

1) *Les Échos*, 22 mai 2020, Ces jeunes actifs qui regrettent déjà le confinement.

2) Jean-Claude Kaufmann, *C'est fatigant, la liberté⋯*, L'Observatoire Eds., 2021.

3) Emmanuel Levinas, *De l'existence à l'existant*, Vrin, 1981, p. 38.

4) Neil Postman, *Se distraire à en mourir*, Fayard, 1985; Bruno Patino, *La Civilisation du poisson rouge*, Grasset, 2019.

5) 츠베탕 토도로프 지음, 이은진 옮김, 《일상 예찬》, 뿌리와이파리, 2003.

6) *Ibid.*

7) 필자가 전작에서 다루었던 주제를 일부 차용했음을 알려둔다. 파스칼 브뤼크네르 지음, 김웅권 옮김, 《영원한 황홀》, 동문선, 2001.

8) Pascal Bruckner, *La Tentation de l'innocence*, Grasset, 1995, p. 42; Alain Erhenberg, *La Fatigue d'être soi*, Odile Jacob, 1998.

9) 조이스 캐럴 오츠는 이 그림에서 영감을 얻어 〈창가의 여자〉라는 단편 소설을 썼다. 불륜 관계인 두 사람이 어떤 방에서 만나기로 하지만 그 둘은 각기 상대에 대한 미움에 사로잡혀 살인을 저지를 준비를 한다(〈창가의 여인〉은 호퍼의 이야기에서 영감을 얻은 단편 소

설들을 묶은 선집 《빛 혹은 그림자》에 수록되어 있다 — 옮긴이).

10) Michelle Perrot, *Histoire des chambres*, Seuil, 2009, p. 27 sqq.

11) *Ibid.*, p. 59.

12) 버지니아 울프, 《자기만의 방》.

13) Montaigne, *Essais*, Livre Premier.

14) Platon, *La République*, Livre VII, 516b-517b, p. 273 sqq, Garnier-Flammarion.

15) Bernard Edelman, *La Maison de Kant*, Payot, 1984, pp. 25-26에 서 인용.

16) François-René de Chateaubriand, *Vie de Rancé*, Folio Gallimard, 1986. 역사에 크게 얽매이지 않고 쓴 이 책은 저자 사후에 원고 가 발굴되었다. 반어법으로 수도 생활을 준엄하게 비판하는 동시에 세속적 삶을 찬양한다고 보아도 무방한 역설적인 작품 이다.

17) Eric Sutter, *Code et langage des sonneries de cloches en Occident*, SFC, 2006.

18) 츠베탕 토도로프, 《일상 예찬》.

19) Saint Jean Cassien, *Les Institutions cénobitiques*, 420 après J.-C., éditions du Cerf, 1965, cité in Madeleine Bouchez, *L'Ennui, de Sénèque à Moravia*, Bordas, 1973, p. 34.

20) Pier Vittorio Aureli, *Less is enough*, Strelka Press, 2013.

21) Saint Augustin, *Les Confessions*, Livre X-5-7, traduit du latin par Louis de Mondalon, Seuil, p. 253 sqq.

22) Charles Baudelaire, *La Chambre double*, Petits poèmes en prose, 1869.

23) Michelle Perrot, *op. cit.*, pp. 374-375.

24) Jean-Jacques Rousseau, *Les Rêveries du promeneur solitaire*, Cinquième promenade, GF, 1964, pp. 95-96.

25) *Ibid.*, pp. 101-102.

26) Correspondance, p. 701, *Histoire de la vie privée*, sous la direction de Philippe Ariès et Georges Duby, tome IV, Seuil, 1999, p. 296 에서 인용.

27) Annie Ernaux, *Journal du dehors*, Gallimard, 1993.

28) Emmanuele Coccia, *Philosophie de la maison*, Rivages, 2021, p. 186.

29) Gustave Flaubert, *Bouvard et Pécuchet*, Livre de Poche, p. 43.

30) J. K. Huysmans, *En rade,* préface de Jean Borie, Folio classique, 1984.

31) Guillaume Garnier, *L'Oubli des peines. Une histoire du sommeil*, Presses Universitaires de Rennes, 2013. 에마뉘엘 르루아라뒤리는 몽카유에 대한 연구에서 "첫 번째 수면 시간"과 밤을 여러 시간으로 쪼개는 습관에 대해서 언급한다. p. 333.

32) Albert Hirschman, *Bonheur privé, action publique*, Fayard, 1983.

33) *Par-delà le bien et le mal*, Idées, Gallimard, paragraphe 26, p. 43.

34) Albert Hirschman, *Bonheur prive, action publique*, op. cit., pp. 91, 92에서 재인용.

35) *Le Monde*, 3 décembre 2021, Tout le monde n'aura pas sa charentaise sous le sapin.

36) 이 주제에 대해서는 다음 소설을 읽어보기를 권한다. Luc-Michel Fouassier, *Les Pantoufles*, Folio Gallimard, 2020, prix des Libraires *Télérama*.

37) Denis Diderot, *Regrets sur ma vieille robe de chambre*, 1768, Livre de Poche.

38) Brian Fagan et Nadia Durrani, *Une histoire horizontale de l'humanité*, Albin Michel pour la traduction française, p. 219.

39) *Ibid.*

✳

40) *Le Monde*, jeudi 10 mars 2022, Raymond Depardon, Kamel Daoud, Institut du monde arabe, Algérie 1961-2019.

41) Tome XII du *Journal*, L'Âge d'Homme, Genève, 1984에서 인용.

42) Anouchka Vasak, *Grandes Émotions météorologiques collectives*, in Alain Corbin, *Histoire des Émotions*, tome 2, Seuil Histoire, 2016, pp. 115-116.

43) 1차 봉쇄 당시 프랑스인들의 성생활은 무너지고 성적 결합의 욕구는 사라져버렸다. Jean-Claude Kaufmann, *C'est fatigant, la liberté…*, L'Observatoire Eds., p. 46. 그러한 욕구가 되살아날지는 두고 볼 일이다.

44) Xavier de Maistre, *Voyage autour de ma chambre*, présentation par Florence Lotterie, GF, pp. 48-49.

45) Frédéric Beigbeider, *Bibliothèque de survie*, L'Observatoire, 2021, pp. 125-126을 보라.

46) Gilles Deleuze, Bartleby ou la formule, in *Critique et clinique*, Éditions de Minuit, 1993.

47) 이 주제에 대해서는 다음 책을 추천한다. Madeleine Bouchez, *L'Ennui, de Sénèque à Moravia*, PUF, Bordas, 1973.

48) Enrique Vila-Matas, *Bartleby et Co.*, Christian Bourgois, 2000, pp. 53-54.

49) Franz Kafka, *Le Terrier*, Gallimard Folio bilingue, 2018.

50) *Théorie du Bloom*, La Fabrique Éditions, 2004.

51) Emil Cioran, *La Tentation d'exister*, Tel Gallimard, 1956.

52) Alexis de Tocqueville, *De la démocratie en Amérique*, Folio Gallimard, tome II, IVe partie, p. 434.

우리 인생에 바람을 초대하려면

세계적 지성이 들려주는 모험과 발견의 철학

초판 1쇄 2023년 10월 16일
초판 2쇄 2023년 10월 30일

지은이 | 파스칼 브뤼크네르
옮긴이 | 이세진

발행인 | 문태진
본부장 | 서금선
책임편집 | 이보람   편집 2팀 | 임은선 원지연

기획편집팀 | 한성수 임선아 허문선 최지인 이준환 송현경 이은지 유진영 장서원
마케팅팀 | 김동준 이재성 박병국 문무현 김윤희 김은지 이지현 조용환
디자인팀 | 김현철 손성규   저작권팀 | 정선주
경영지원팀 | 노강희 윤현성 정헌준 조샘 조희연 서희은 김기현
강연팀 | 장진항 조은빛 강유정 신유리 김수연

펴낸곳 | ㈜인플루엔셜
출판신고 | 2012년 5월 18일 제300-2012-1043호
주소 | (06619) 서울특별시 서초구 서초대로 398 BnK 디지털타워 11층
전화 | 02)720-1034(기획편집) 02)720-1024(마케팅) 02)720-1042(강연섭외)
팩스 | 02)720-1043   전자우편 | books@influential.co.kr
홈페이지 | www.influential.co.kr

한국어판 출판권 ⓒ ㈜인플루엔셜, 2023

ISBN 979-11-6834-136-4 (03100)